böhlau

Joseph B. Schörkmayr

no problem orchestra

Erfolgsgeschichte einer unglaublichen Band

Böhlau Verlag Wien · Köln · Weimar

Bibliografische Information Der Deutschen Bibliothek:

Die Deutsche Bibliothek verzeichnet diese Publikation
in der Deutschen Nationalbibliografie;
detaillierte bibliografische Daten sind im Internet über
http://dnb.ddb.de abrufbar.

ISBN 3-205-77083-8

Umschlagabbildung: Joseph B. Schörkmayr

Gedruckt auf umweltfreundlichem, chlor- und säurefreiem Papier

Druck: Imprint, Ljubljana

Inhaltsverzeichnis

Vision Nr. I

„Meine Nichtanwesenheit könnt ihr leicht erkennen:
an Leuten, die nicht erschöpft sind.“

1. Geleitwort des Bundespräsidenten

Bild 1

Österreich verfügt mit seinen Chören und Orchestern über großartige Botschafter, die unsere Musikkultur mit großem Erfolg in die Welt tragen.

Unter diesen Orchestern befindet sich eines, das darüber hinaus einzigartig ist:

Das NO PROBLEM ORCHESTRA der Musiktherapieschulen Klagenfurt und Graz zeigt seit nunmehr 20 Jahren auf höchst erfolgreiche Weise, dass auch schwerstbehinderte Menschen als großartige Musikerinnen und Musiker ihr Publikum im In- und Ausland zu faszinieren imstande sind.

Ich empfinde es daher als große Ermutigung zu sehen und zu hören, was menschliche Begeisterung, Zähigkeit und Einsatz auch unter schwierigsten Bedingungen hervorzubringen vermögen, um anderen Menschen Freude zu schenken.

Durch das mit großer Einfühlsamkeit und sachkundigem Wissen erstellte Buch „Das NO PROBLEM ORCHESTRA. Erfolgsgeschichte einer unglaublichen Band" besteht jetzt auch die zusätzliche Gelegenheit, mehr über die Arbeitsweise und Kreativität des Orchesters zu erfahren.

Dafür sei dem Autor und allen, die sich mit großem Einsatz um die Integration von behinderten Menschen bemühen, ein besonderer Dank ausgesprochen!

Dr. Thomas Klestil
Bundespräsident der Republik Österreich

Bild 2: ORF-Moderator Peter Rapp interviewt Joseph Schörkmayr (l.)

2. Vorwort

20 Jahre „NO PROBLEM ORCHESTRA“. Ein Musiktherapie-Konzept hat sich als ein Erfolg auf den Bühnen der Welt herausgestellt.

Ein Grund zum Feiern? Warum nicht; doch ich meine, es ist auch an der Zeit Rückschau zu halten: Wie hat sich das Orchester entwickelt? Wie waren die Voraussetzungen? Was hat sich aus meinen frühen Beobachtungen des Verhaltens von behinderten jungen Menschen als ein gangbarer Weg herausgestellt?

Diesen und weiteren Fragen möchte ich gerne in diesem neuen Buch nachgehen. Doch es soll nicht nur eine Rückschau werden, sondern auch ein Ausblick in die Zukunft, denn trotz der erstaunlichen Fortschritte der Medizin werden das Down-Syndrom und ähnlich schwere mentale Behinderungen – auch in absehbarer Zeit – unendlich große Alltagsprobleme für die Behinderten selbst und ihr familiäres Umfeld abgeben.

Behinderte junge Menschen, somit der Nachwuchs für unser ganz spezielles und einzigartiges Orchester, werden an die Türe unseres Therapiezentrums klopfen, wo auch immer es seine Zelte aufgeschlagen haben wird. Wir als NO PROBLEM-Musiktherapeuten werden andererseits immer wieder eine neue, zeitgemäße, am letzten Stand der Technik fußende Antwort für die Instrumenten-Ausbildung unserer Schutzbefohlenen finden müssen.

Über 20 Jahre meines Berufslebens habe ich dieser Fragestellung und diesem Grundsatz untergeordnet und habe auch in weiterer Folge vielen Untergriffen, Verdächtigungen und Unterstellungen entgegentreten müssen. Doch nicht von diesen – zumeist auf mich persönlich gezielten – Angriffen aller Art und Unart soll in diesem Buch die Rede sein, sondern die „Stars“ des Orchesters, ihre Auftritte, ihre weltweiten Kontakte werden hier ebenso in den Vordergrund gestellt wie mein therapeutisches Team, das an allen Erfolgen letztlich ebenso seinen Anteil hat.

Schon 1983, als ich mit meiner Behinderten-Therapiearbeit begonnen habe, konnte ich feststellen, dass jeder Einzelne von ihnen einen eigenen Rhythmus in sich trägt. Diesen „Eigenrhythmus", der mit dem Blutdruck zusammenhängt, haben wir verstärkt, indem wir Gruppen von behinderten Menschen geformt und zu einem Gruppenrhythmus gefunden haben. Das ist mit einer westlichen Rockband oder mit Eingeborenen eines Naturvolkes zu vergleichen.

Es kommt zu einer rhythmischen Geschlossenheit und man betritt – nach Sir Popper – gleichsam die „Welt 2". Oder anders formuliert, die Band „groovt". Die „Groove" ist ein Begriff aus der Welt des Jazz, der eine Stimmung, ein elektrisierendes Gefühl innerhalb des Publikums, das mitgerissen werden soll, umschreibt. Apropos: Wir hatten zunächst nur ein Stück eingeübt: „Nowegian wood" von den Beatles. Das jedoch „groovte" gewaltig!

Mit dieser „Groove" als Ausstrahlung auf den Zuhörer war uns erstmals so etwas wie ein präsentables Orchester gelungen, das „Musikstücke" spielen konnte und nicht nur eine Abfolge von Geräuschen aller Art. Das war der erste Meilenstein auf dem Weg zum „20-Jahres-Jubiläum". Unser neu geformtes Orchester produzierte keine chaotische Geräuschkulisse, sondern immer professioneller werdende Musik. Wir hatten uns dorthin entwickelt, wohin uns konventionelle Musiktherapeuten mangels Verständnis für musikalische Grundsätze nicht folgen konnten.

Für das Publikum unserer ersten Auftritte war alles eher ein wenig ungewöhnlich: Erstmals standen Behinderte auf der Bühne, die etwas besser konnten als die meisten Zuhörer.

Die Musikerinnen und Musiker verhielten sich frei und ungehemmt und voller Selbstbewusstsein.

Das schuf Verunsicherung und auch Spannungen.

Beim Behindertensport meint man ja noch in Ruhe zusehen und sich vor dem Fernsehschirm zurücklehnen zu können, ist man doch überzeugt, die präsentierten Sportarten als Nichtbehinderter sicherlich besser ausüben zu können als die Akteure auf den Sportbahnen. Vielleicht wird man über die Performance der Behinderten auch noch milde lächeln und sich überlegen fühlen (wiewohl man sich darin auch gewaltig täuschen kann!).

Doch beim Auftritt dieser schwerstbehinderten Musiker auf der Bühne, die bei der Bewältigung ihres Alltags große Mühe haben, sprang plötzlich ein echter Funke zum Publikum über. Das musste bei so manchem Zuhörer erst verkraftet werden.

Das war für mich der ganz persönliche Anfangserfolg, der mich an meine Idee glauben ließ, obwohl ich von 1983 bis fast 1995 immer wieder hartnäckigen Nachstellungen, Misstrauen und übler Nachrede ausgesetzt war. Doch wer lässt sich schon stoppen, wenn er von seiner Idee und von seinen behinderten Freunden absolut überzeugt ist?

Ganz im Gegenteil: Der wachsende Neid und die teilweise an Hass grenzenden Vorurteile vieler nichtbehinderter Menschen (egal ob aus Politik, Pädagogik, Presse u. Ä.) angesichts des stetig wachsenden Erfolges eines mehr als ungewöhnlichen Orchesters reizten mich, umso erbitterter für meine Musiker und meine Idee zu kämpfen – auch wenn wir vor allem in den Anfangsjahren, aber nicht nur da, oft mit schier unglaublichen Diffamierungen konfrontiert waren. Jeder kleine Erfolg des Orchesters zog unweigerlich negative Reaktionen nach sich, die sich wohl nur aus der Angst vor dem Neuen, Unbekannten erklären lassen:

So wurden wir etwa wiederholt bei Konzertveranstaltern schlecht gemacht oder man riet ihnen gleich unverblümt davon ab, das Orchester überhaupt zu engagieren; und noch in jüngster Zeit wurde von anonymen „Vernaderern" das Gerücht in die Welt gesetzt, ein (übrigens sehr erfolgreiches) Konzert des NO PROBLEM ORCHESTRA im Fürstentum Monaco auf Einladung von Fürst Rainier und Prinz Albert habe in Wirklichkeit gar nicht stattgefunden – obwohl wir von einem Journalisten begleitet worden waren, der unseren Auftritt umfangreich dokumentierte (siehe unten).

Mir ist es unverständlich, dass behinderte Menschen bis zum heutigen Tag oft in einer solch üblen Weise denunziert werden – aber gerade solche Vorkommnisse werden für mich immer ein Antrieb sein, für die behinderten Menschen, das Orchester und meine Art von Musiktherapie weiterzukämpfen – allen Widerständen zum Trotz. Und der Einsatz hat sich mehr als gelohnt.

KLEINE ZEITUNG

KLAGENFURT SAMSTAG 28. SEPTEMBER 2002

KLEINE ZEITUNG

KLAGENFURT MONTAG 15. APRIL 2002

SAMSTAG 28. SEPTEMBER 2002

KÄRNTEN

No Problem Orchester: Bald „Zweigstelle" in Monaco

Behindertenorchester-Chef verhandelt mit Vertretern von Prinz Albert über die Gründung einer therapeutischen Musikgruppe am Mittelmeer

JOCHEN BENDELE

Bei einem Monaco-Konzert des No Problem Orchesters fragte die *Kleine Zeitung* einen begeisterten Prinz Albert, ob er sich so eine therapeutische Musikgruppe auch in Monte Carlo vorstellen könne. Seine Antwort: „Auf jeden Fall. Wenn wir so ein Orchester zusammenbringen können, dann werden wir das auch tun."

Das war ernst gemeint, wie sich jetzt zeigt. No Problem Orchester-Leiter Josef Schörkmayr: „Prinz Albert hat mich nach Monaco eingeladen, um mehr über das Projekt zu erfahren." Und so sieht Schörkmayrs Projekt aus: Gründung einer Orchester-„Filiale" am Mittelmeer, drei Tage Musiktherapie pro Woche. Sollten viele behinderte monegassische Kinder mitmachen, dann könnte sogar eine musikalische Ganzwochen-Therapie angeboten werden. Schörkmayr: „Vielleicht übersiedeln wir sogar dorthin." Die zweitägigen Gespräche verliefen sehr Erfolg versprechend.

Monaco lebt zum großen Teil von „charity", einer ausgeklügelten Wohltätigkeits-Industrie und Spenden-Society. Ein Behindertenorchester würde es dort wohl sehr gut haben.

Prinz Albert (rechts), Schörkmayr, Orchester

Königliches Gastspiel. Kein geringerer als Prinz Albert von Monaco hat das „No Problem Orchestra", geleitet vom Ennstaler Josef Schörkmayr, zu einem Gastspiel nach Monaco eingeladen. In einer Woche werden die behinderten Musiker bei der Schwimm-Europameisterschaft im Rahmen der Special Olympics auftreten. Zum Abschluss des Monaco-Aufenthalts ist ein Auftritt mit Julian Lennon, dem Sohn von John Lennon geplant.

Bild 3: Faksimile Kleine Zeitung

1995 ist dieser Paradigmenwechsel in der Musikpädagogik auch der Europäischen Kommission positiv aufgefallen. Erstaunlich für die Mitglieder war, dass die Behinderten bei öffentlichen Veranstaltungen auftraten, die keinen Benefiz-Charakter hatten. Wir wurden von den Veranstaltern auch gar nicht als Behinderten-Orchester angekündigt. Kurzum: Hier lief keine Mitleidsmasche, hier kämpften Künstler um die Anerkennung ihrer Leistung!

Der EU-Preis für die beste Musiktherapie Europas war der nächste Schritt auf der Erfolgsleiter.

Es folgten zahlreiche Orchesterreisen, heute rund 100 Konzerte im Jahr, CDs, Folder und auch Bücher zu diesem Thema. Die Therapiezentren in Graz und Klagenfurt wurden ausgebaut und sind derzeit mit jeweils rund 75 Klienten sehr gut besucht. Davon sind etwa 45 in der Lage, auch öffentlich aufzutreten. Derzeit planen wir die Eröffnung eines weiteren Therapiezentrums in Wien und sind auch schon – dank vieler engagierter Helfer – über das erste Planungsstadium hinaus. Mit Hilfe von wohlmeinender Politik und hilfsbereiten Sponsoren wird uns ein Fußfas-

Bild 4: Das No Problem Orchestera erhält in Brüssel 1995 den EU-Preis für die „Beste Musiktherapie Europas“ & „Beste funktionelle Rehabilitation“

sen in der Bundeshauptstadt sicher gelingen. Die leider sehr große Zahl an Behinderten ist uns auch in Wien eine Verpflichtung.

Zum Thema Orchesterreisen wollen wir in einem der folgenden Kapitel einiges Interessantes und auch für eine österreichische Band Einzigartiges präsentieren: Unsere Auftritte sind nicht mehr in erster Linie von Integrationsbemühungen getragen, sondern wir bieten ganz einfach professionell gestaltete U-Musik, nicht ganz zufällig vor Staatsoberhäuptern, wie z. B. Königin Elizabeth II. von England oder dem ehemaligen US-Präsidenten Bill Clinton; wir eröffnen Kongresse oder wir spielen in Hollywood vor US-Kinostars. Doch nicht nur das: Auch international agierende Sponsoren setzten und setzen Vertrauen in uns.

Unser Anliegen war es immer, dass auch schwer zerebral behinderte Menschen die ihnen – behindertengerecht – gestellten Aufgaben lösen können und, vor zum Teil zahlendem Publikum, eine beachtenswerte Leistung erbringen können. Diesen Erfolg haben diese behinderten Menschen auch bitter nötig; man darf nicht vergessen, dass sie zumeist eine sehr schwere und durch ihre Krankheit eingeengte Kindheit hatten, ver-

Bild 5: Die „Groove" über den Dächern von Monaco im April 2002

dunkelt durch Depressionen und Hoffnungslosigkeit. Erfolg und Anerkennung stimuliert diese Menschen ganz besonders. In meinem Therapieunterricht nimmt kaum mehr ein Teilnehmer oder eine Teilnehmerin Antidepressiva oder andere Psychopharmaka.

Der erwähnte Erfolg hat oftmals kuriose Folgen: Wenn ein bekannter Jazzmusiker mit der Band mitspielen will, kann er sich nicht einfach spontan auf die Bühne schwingen, sondern muss – wie bei andern professionellen Gruppen auch – erst einmal ein bis zwei Wochen mit uns proben. Ein Nichtbehinderter muss eben auch integriert werden. Der umgekehrte Vorgang der Integration.

Andererseits bringt uns diese durchwegs von allen Beteiligten als sehr positiv erlebte Situationen in einige zwischenmenschliche Schwierigkeiten: Nicht umsonst gibt es unter Österreichs Kabarettisten einen Stehsatz: Wer ist bei uns die größte und mächtigste Organisation? Logische Antwort: Die Neidgenossenschaft. Diese Partei scheint in den anglikanischen Ländern eher ausgestorben zu sein, bei uns feiert sie noch allemal fröhliche Urständ'.

Bild 6: Die Band-Mitglieder in „guter Stimmung"

Die Leistungen unserer Band sind belegbar und dokumentiert. Immer wieder erlebe ich es nach Konzerten, dass Zuhörer aus dem Publikum neugierig um die Bühne streifen, um versteckte Tonbänder, CDs oder Playback-Einrichtungen zu entdecken. Doch sie müssen enttäuscht abziehen. Da wird wirklich „live" musiziert! Jeder Musiker spielt mit persönlichem Können und Einsatz.

Ein wechselseitiger Lernprozess ist somit angesagt, der Österreichs Stammtische auch mit einbeziehen soll: Behinderte können etwas Professionelles leisten, wenn man ihnen eine faire Chance und eine einfühlsame Ausbildung mit technisch ausgereiftem Material bietet!

Diesen Lernprozess für Nichtbehinderte voranzutreiben und mit Sachargumenten und Fotodokumentationen zu untermauern ist eine der wichtigen Aufgaben dieses Buches. Die Psychologin Christina Rauch, die selbst einen spastisch behinderten Sohn hat, wird in einem Kapitel als betroffene Mutter ihre ganz persönliche Darstellung geben.

Unsere Band kämpft mit gesunden Profis um Preise, und auch hier sind wir wahrlich nicht chancenlos, wie die Festivals in Montreux,

Bild 7: Sichtbare Integration: Behinderte und Nicht-Behinderte Schulter an Schulter

Schweiz, oder San Antonio, Texas, gezeigt haben, wo wir die höchsten Preise erringen konnten. Das hält meine Begeisterung wach, deshalb mache ich auch nach zwei Jahrezehnten Knochendetailarbeit weiter und deshalb schreibe ich dieses Buch.

Zu guter Letzt: Wird es noch einmal ein Fortsetzungsbuch mit neuen Kapiteln und Storys unter neuer Leitung geben?

Ein US-Musiktherapeut hat einmal zu mir gesagt: „Die Geschichte des ‚No Problem Orchestra' erinnert mich an das Schicksal und den Mythos Elvis Presleys: Sie begann mit dir und endet auch mit dir."

Mag sein – oder auch nicht.

Doch lassen Sie sich auf dieses Buch ein, dann werden Sie verstehen, was ich meine, wenn ich sage: Musik ist eine zauberhafte Botschaft von Mensch zu Mensch, sie dringt direkt ins Gemüt – unabhängig von Rasse und Religion –, doch die Seele muss mits(ch)wingen. Vom Triangelschlagen zum „groovenden Orchester" ist es bekanntlich ein sehr weiter Weg.

Klagenfurt, im November 2002 — Joseph B. Schörkmayr

Vision Nr. 2*

„Von allen Seelensoldaten meiner Armee müsst ihr diejenigen am meisten
fürchten, die ihr Leben für meinen Auftrag opfern,
alles Erreichte zurücklassen und wortlos zur Tat schreiten.
Arbeitend.

Die nur noch mein Wort wahrnehmen und ihren
Intellekt aufgeben, bis das Werk vollendet ist und ich sie aufrufe
zu leben. Wer diese meine geliebten Seelensoldaten
in böser Absicht berührt, wird ohne Glut verglühen, denn,
was jemand diesen, meinen Tapfersten tut, das tut er mir."

---

* Visionen beruhen auf inneren, bildhaften Wahrnehmungen, einem inneren „videre" = SEHEN und sind meist Träger religiöser Inhalte. Oft sind sie mit Audition oder auch anderen Sinneseindrücken verbunden. Die „ICH"-Form bezieht sich dabei nicht auf den Empfänger, sondern auf eine religiöse Autorität.
Visionen fallen in den Bereich der Mystik und sind somit nicht unbedingt konfessionell gebunden.
C. G. Jung deutet Visionen psychologisch als Inhalt des kollektiven Unbewussten.
In diesem Buch finden wir verteilt sieben Visionen, die Joseph Schörkmayr im Dezember 2002 sah und hörte. Diese sieben stehen für viele und beinhalten den inneren Auftrag, dem sich Joseph Schörkmayr, seine Mitstreiter und auch andere Menschen verpflichtet fühlen.

Christina Rauch

Bild 8: „We are the people!"

3. Prolog

Es sind nun bald 20 Jahre her, als ich zum ersten Mal das NO PROBLEM ORCHESTRA kennen lernte. Es befand sich damals in seinen Geburtsstunden. Kollege Joseph Schörkmayr hatte mich in sein Studio eingeladen. Was ich da bei der Probe der Musiker erlebte, war damals bereits so großartig wie heute. Eine Musik, ein Zusammenspielen, ein unbeschreibliches Ereignis, etwas, das niemand erwarten und niemand verstehen konnte. Da musizieren behinderte Menschen, sie spielen schön und richtig, sie sind dabei zugleich ernst und fröhlich. Als einziger anwesender, völlig unbefangener Zuhörer erlebte ich diese Probe wie ein heiliges Konzert.

Was hat sich seither geändert? Die NO PROBLEM-Musiker sind – man darf das wohl ohne Übertreibung sagen – weltberühmt geworden. Welches Orchester wird schon eingeladen, vor dem Capitol in Washington, vor der UNO-Vollversammlung, auf dem Petersplatz vor dem Heiligen Vater und weiteren weltbekannten Plätzen und Persönlichkeiten der großen Welt zu musizieren?

Bis dahin hat es, wie nicht anders zu erwarten, auch für den Gründer der NPMT (NO PROBLEM-Musiktherapie), Mag. Dr. Joseph Schörkmayr, einen steinigen Weg gegeben. Gewaltige Widerstände galt es da zu überwinden. Da kam einer mit einem revolutionären Konzept und hatte Riesenerfolg. Da hat es nicht nur feine Gegner gegeben. Man versuchte sogar Staatsanwälte einzuspannen, um den Siegeszug der NPMT-Idee zu stoppen.

Was ist nun so ungewöhnlich an dieser als Musiktherapie bezeichneten Idee? Und was hat die Gegner so empfindlich aufgescheucht?

Es geht um Therapie! Der Erfolg der NPMT rührt an das Selbstverständnis und an das Image der etablierten Therapeuten. Diese allein galten bisher als wissenschaftlich kompetent und als die einzigen maßgeblichen Autoritäten für eine effiziente Betreuung.

Nun sollen durch Musizieren mit „echten Musikern" die Leiden von Kranken und Behinderten besser werden? Ja schön, ein angenehmes Erlebnis, wie gemeinsames Musizieren, tut ja jedem gut. Aber das soll

Krankheiten echt bessern? Es soll Kranken ermöglichen, z. B. auf Dauer mit weniger oder sogar ohne starke Tabletten auszukommen? Und wenn auch, kann man deswegen schon von einer Therapie sprechen?

Das Wort Therapie kommt aus der griechischen Sprache; im Lexikon finden wir „therapeuein" mit folgenden Worten übersetzt: dienen, freundlich behandeln, ehren, hochachten, für jemanden sorgen, sorgsam behandeln, pflegen, helfen, ausbilden. Das hört sich für den Menschen von heute fast enttäuschend an. Wir erwarten von Therapien schon etwas Gewaltigeres und Effizienteres. Lassen wir uns da nicht von Schlagzeilen über spektakuläre medizinische Erfolge täuschen? Sind die Vorgänge um das Leben und die Heilung nicht viel geheimnisvoller, sind die Leiden der Menschen so einfach manipulierbar wie defekte Apparate?

Große heilkundige Persönlichkeiten, Hahnemann, der Begründer der Homöopathie, und Pfarrer Kneipp, der Begründer der Kaltwassertherapie, bezeichneten die Krankheiten als Störung der Harmonie der Organe. Hahnemann sprach von der Krankheit fast nur als der Verstimmung des Organismus. Und da soll die Musik, die der Kranke selber übt, höchstens ein kleines Hilfsmittel sein?

Die NO PROBLEM-Musiker spielen im Ensemble. „Ensemble" heißt zusammen, miteinander spielen. Nicht das Zurückversetzen in die Vereinsamung, sondern mit Helfern und Leidensgefährten gemeinsam mit Hingabe zu arbeiten ist eines der wesentlichen und aufbauenden Elemente dieser echten Therapieform.

Die Entwicklung der Musikinstrumente für diese Therapie verlangt ein Eingehen auf die tatsächlichen Fähigkeiten der Behinderten. Der Therapeut muss sich also der Natur des Kranken unterordnen. Er verlangt nicht eine „Neuschöpfung" des Patienten; dieser muss nicht umgemodelt, umoperiert werden. Es sind in ihm ungeahnte Heiltendenzen, die hier der Musiker als Therapeut entfalten hilft.

Und schließlich der erfolgreiche Auftritt der behinderten Musiker. Sie ernten aufrichtiges Lob, weil sie wirklich Musik machen. Das Wort Applaus heißt übersetzt Lob: zusprechen. Eines der tiefsten Bedürfnisse des Menschen, das sieht jeder bereits beim Kleinkind, ist es, mit Freude angenommen zu werden und dazuzugehören. Schlimmste Kränkungen werden vergessen, wenn wir wieder aufgenommen werden. Ein potentes und bewährtes Heilmittel.

Ist nun diese NPMT für jeden erlernbar? Wer kann ein solcher Musiktherapeut werden? Kann das nur der charismatische, breitschultrige und großherzige Pionier selber, wird es Nachfolger geben? Es muss ein Musiker sein und er muss die behinderten Menschen mögen.

Die NPMT hat sich den Weg durch die Gebirge gebahnt und sich ihren sicheren Platz erobert; als Dienerin an den Kleinen.

Dr. Johann Loibner, Ligist

Wenn einem nichts mehr bleibt …

Während wir kilometerweit dahinstolpern, im Schnee waten oder auf vereisten Stellen ausgleiten, immer wieder einander stützend, uns gegenseitig hochreißend und vorwärtsschleppend, fällt kein Wort mehr, aber wir wissen in dieser Stunde: jeder von uns denkt jetzt nur an seine Frau. Von Zeit zu Zeit schau' ich zum Himmel hinauf, wo die Sterne verblassen, oder dort hinüber, wo hinter einer düsteren Wolkenwand das Morgenrot beginnt. Aber mein Geist ist jetzt erfüllt von der Gestalt, die er in jener unheimlich regen Phantasie festhält, die ich früher, im normalen Leben, nie gekannt hatte. Ich führe Gespräche mit meiner Frau. Ich höre sie antworten, ich sehe sie lächeln, ich sehe ihren fordernden und ermutigenden Blick, und – leibhaftig oder nicht – ihr Blick leuchtet jetzt mehr als die Sonne, die soeben aufgeht. Da durchzuckt mich ein Gedanke: Das erstemal in meinem Leben erfahre ich die Wahrheit dessen, was so viele Denker als der Weisheit letzten Schluß aus ihrem Leben herausgestellt und was so viele Dichter besungen haben; die Wahrheit, daß Liebe irgendwie das Letzte und das Höchste ist, zu dem sich menschliches Dasein aufzuschwingen vermag. Ich erfasse jetzt den Sinn des Letzten und Äußersten, was menschliches Dichten und Denken und – Glauben auszusagen hat: die Erlösung durch die Liebe und in der Liebe! Ich erfasse, daß der Mensch, wenn ihm nichts mehr bleibt auf dieser Welt, selig werden kann – und sei es auch nur für Augenblicke –, im Innersten hingegeben an das Bild des geliebten Menschen.

Vor mir stürzt ein Kamerad, die hinter ihm Marschierenden kommen dadurch zu Fall. Schon ist der Posten zur Stelle und drischt auf sie ein. Für wenige Sekunden ist mein betrachtendes Leben unterbrochen. Aber im Nu schwingt sich meine Seele wieder auf, rettet sich wieder aus dem Diesseits der Häftlingsexistenz in ein Jenseits und nimmt wieder die Zwiesprache auf mit dem geliebten Wesen.

Viktor E. Frankl: „… trotzdem Ja zum Leben sagen/Ein Psychologe erlebt das Konzentrationslager", Kösel-Vlg. München 1979, S. 65

4. Die Grundzüge der NO PROBLEM MUSIC-Therapie

Neben dem *„No Problem-Keyboard“* kommen sowohl bei Proben als auch bei öffentlichen Auftritten handelsübliche Instrumente zum Einsatz. Vorab ein kleines „Lexikon“ für Fachausdrücke wie zum Beispiel:

Elektronisches Drum-Set (ADD I, ROLAND CALIBRATO 415-homerun), eines der besten Schlagzeuge am Markt. Hunderte verschiedene Sound-Möglichkeiten. Anschlagdynamisch (bei festem Anschlag lauter). Anschlagimpulse sehr differenziert, daher können nur rhythmisch sehr versierte Musiker dieses Instrument exakt spielen. Die NO PROBLEM-Musiker, die dieses Instrument spielen, ernten von Profi-Musikern größte Bewunderung.

Rhythm-Stick. Wurde ursprünglich für Frontmen (Sänger einer Rock-Gruppe) bei Profi-Musik-Gruppen konzipiert, aber kaum verwendet, da zum exakten Spielen dieses Instrumentes die rhythmische Versiertheit eines professionellen Schlagzeugers notwendig ist, über die Profi-Sänger nur selten verfügen. Musiker des NO PROBLEM ORCHESTRA beherrschen das Instrument nach nur 6-monatiger Therapie.

Keyboards (ROLAND VA 7, E 500, Krygo-SX 366), Synthesizer, wie sie in jeder modernen Musikgruppe verwendet werden. Kommen neben dem NO PROBLEM-Keyboard selbstverständlich während der Therapie (Proben) und bei öffentlichen Auftritten zum Einsatz.

Das Konzept dieser Therapie verläuft in drei Schritten: Jeder Behinderte wird zu Beginn der Therapie daraufhin getestet, welcher Rhythmus (welches Tempo) zu seiner persönlichen Eigenschwingung passt, und sucht sich durch Probieren ein Instrument aus, das ihm liegt. Dann kommt die zweite Phase: Erlernen eines Instrumentes und Proben in der Gruppe. Der dritte und sehr wesentliche Schritt ist das Auftreten in der Öffentlichkeit.

Schon bei den Proben stellt sich ein deutlicher therapeutischer Effekt ein. Der Behinderte erhält eine musikalische Ausbildung. Er lernt, ein Instrument zu beherrschen und mit anderen in einer Gruppe zu arbeiten. Er muss auf seinen Einsatz achten und sein Spiel mit den anderen koordinieren. Bereits in dieser Phase unterscheidet sich die NO PROBLEM MUSIC-Therapie von vielen anderen gebräuchlichen Musiktherapien, die meist auf die Einzelperson angelegt sind. In einer Band Musik zu machen ist ein dynamischer Gruppenprozess, in dem jeder auf alle anderen Ensemblemitglieder angewiesen ist. Dadurch erwerben die Behinderten soziale Fähigkeiten. Sie lernen, sich miteinander und füreinander über ihre Leistungen zu freuen, aufeinander einzugehen und den guten Sound, den sie produzieren, miteinander zu genießen.

Bild 9: Auf die richtige Groove kommt es an!

Die Freude an erbrachter Leistung berührt jeden Einzelnen und wirkt Wunder bei vorher oft depressiver Grundhaltung. Je länger und intensiver die Orchestermitglieder miteinander spielen, desto größer wird ihre Motivation. Selbst sehr problematische Schwerbehinderte werden zu hochmotivierten Musikern mit hoher sozialer Kompetenz.

Der Charakter unserer Probenarbeit bringt es mit sich, dass das Verhältnis zwischen mir als Therapeuten und dem Behinderten kein Arzt-Patient-Verhältnis ist, sondern vielmehr dem zwischen Bandleader und Musikern ähnelt. Das ist ein entscheidender Faktor der NO PROBLEM MUSIC-Therapie.

Kreativpausen während der Proben, in denen wir plaudern, scherzen und einander als Kollegen respektieren, sind Balsam für das Selbstwertgefühl der Behinderten, die sich nicht als Objekte einer Therapie fühlen müssen.

Der dritte Schritt der NO PROBLEM MUSIC-Therapie ist der öffentliche Auftritt.

Die Behinderten führen vor Publikum in der Öffentlichkeit ihre Errungenschaften vor. Sie müssen nun den Applaus und die Anerkennung eines eher unbeteiligten Auditoriums erringen – wie jeder professionelle Musiker auch. Da gibt es keine Schutzmechanismen mehr: *Nicht Verwandte und Pflegepersonal sitzen in den Zuschauerreihen, sondern interessiertes, zahlendes Publikum.*

In den vielen Jahren, in denen die NO PROBLEM MUSIC-Therapie angewendet wird, habe ich noch nie erlebt, dass die Auftrittssituation einen zu starken Leistungsdruck auf einzelne Behinderte ausgeübt hätte. Jeder der vielen Hunderten von Behinderten, mit denen ich im Laufe der Jahre gearbeitet habe, brennt darauf, sein Können in einem Konzert unter Beweis zu stellen. Der Tag des ersten Auftritts verändert das Leben eines Behinderten ein für alle Mal: Er gewinnt Selbstvertrauen und Lebensfreude, ganz egal, wie klein oder groß sein Part beim Konzert gewesen sein mag. Er macht die persönliche Erfahrung, dass es „eine Welt da draußen" gibt, jenseits der Behinderteninstitution, jenseits der Familie; dass er dieser Welt etwas geben kann und von ihr anerkannt wird. Er erringt sogar die Anerkennung berühmter Persönlichkeiten, die der Behinderte sonst nur aus dem Fernsehen oder als Zuschauer kennt:

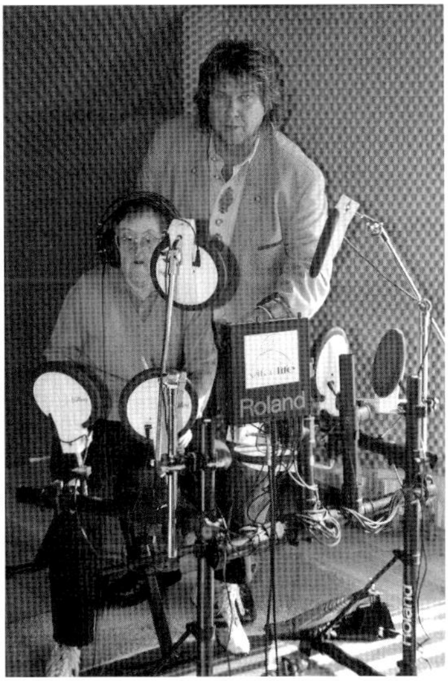

Bild 10: Probenarbeit bis hin zur Studioqualität

Von Anfang an haben wir immer wieder professionelle Musiker eingeladen, mit unserem NO PROBLEM ORCHESTRA zu spielen. So waren im Laufe der Jahre u. a. Alvin Lee, Maynard Ferguson, Jonny Cash, Al Bano Carisi, Eric Clapton, Mark Clark, Chris Farlow, Herb Alpert, Stan Getz und Roy Orbison bei Konzerten dabei. Unsere behinderten Bandmitglieder haben sich den Respekt der Profimusiker errungen: Sie haben

Bild 11: Swingen mit dem „Dschungelorchester" in Wiener Neustadt am 1. Dezember 2001

überhaupt keine persönlichen Berührungsängste mit Stars, sie spielen eine tolle Groove und einen perfekten Rhythmus.

Dieser dritte Schritt ist natürlich auch der integrativste Part unserer Musiktherapie. Hier kommen die Behinderten mit der „normalen" Welt in Berührung, wie es innerhalb der Behinderteninstitution in der oftmals grauen Alltagswelt nie der Fall sein kann. Sie freuen sich über die Kommunikation, plaudern vor den Konzerten und während der Pausen mit ihren Zuschauern, lernen Menschen kennen.

Für Sie wie für mich mag es nichts Besonderes sein, mit einem Fremden belanglose Konversation zu üben. Die geistig und geistig-körperlich Schwer- und Schwerstbehinderten jedoch, mit denen ich arbeite, haben dies vielleicht ihr Leben lang noch nie getan. Sie leben in geschützten Werkstätten, in geschützten Heimen, in beschützenden Familien. Falls sie dort in Kontakt mit fremden „normalen" Menschen kommen, werden sie begütigend, nachsichtig oder mitleidvoll angesprochen.

Durch die Auftrittssituation des NO PROBLEM ORCHESTRA ändert sich das schlagartig: Die Menschen haben Respekt vor den Behinderten,

Bild 12: Das „Bad in der Menschenmenge", World-Genetic-Congress, Wien

die sie mit guter, niveauvoller Musik erfreuen und eine Leistung erbringen, die sie selbst, die geistig Gesunden, nicht wie selbstverständlich auch können. Damit ist die gesamte Basis der Kommunikation eine andere – nämlich eine „normale"!

Wie sehr die Behinderten diese Kommunikation meistern und die Anerkennung genießen, ist vielleicht der schönste Erfolg der NO PROBLEM MUSIC-Therapie.

Vielleicht noch ein Wort zum Leistungsprinzip – und wie es innerhalb der NO PROBLEM MUSIC-Therapie zu verstehen ist:

- Grundsätzlich wird der Leistungsgedanke bei jeder Form von Therapie (Behinderten-, ebenso wie psychoanalytische Therapien) abgelehnt. Das hat einen guten Grund. Die Behinderten – ebenso wie psychisch Kranke – sollen nicht dem Leistungsdruck der erwachsenen Erwerbsgesellschaft ausgesetzt werden, der zwangsläufig mit sich bringen würde, dass einige weniger Begabte, nämlich schwerer Behinderte, auf der Strecke blieben.

Bild 13: Dieter Chmelar moderiert ein Konzert des NPO *in Krems; Mai 2001*

- Daher wird die Einführung eines Leistungsgedankens strikt abgelehnt und als therapeutisch sinnlos erachtet.
- Die Praxis der NO PROBLEM MUSIC-Therapie zeigt jedoch, dass die Behinderten ihr Recht auf Leistung und die damit verbundene Erfahrung der Leistungsbegrenzung erleben wollen und an den Erfahrungen, die sie machen, wachsen.
- Meine Methode zielt daher darauf ab, den Behinderten ihr *Recht* auf Leistung zu gewähren, gleichzeitig aber darauf zu achten, dass nie jemand *keine* Leistung erbringt. Was wie ein idealistischer Traum klingen mag, ist seit vielen Jahren erprobte Praxis: Seit Beginn meiner Arbeit 1983 habe ich noch nie einen Behinderten abgelehnt, weil er etwa zu unmusikalisch oder gar zu asozial gewesen wäre. Ich habe noch nie einem Behinderten verweigert, an öffentlichen Konzerten teilzunehmen. Manche brauchen länger, aber jeder – ich betone – jeder Einzelne, der jemals an meiner Therapie teilnehmen wollte, war schließlich so weit, auch aufzutreten und das besondere Glückserlebnis mit den anderen zu teilen, Erfolg zu haben und Applaus zu ernten.

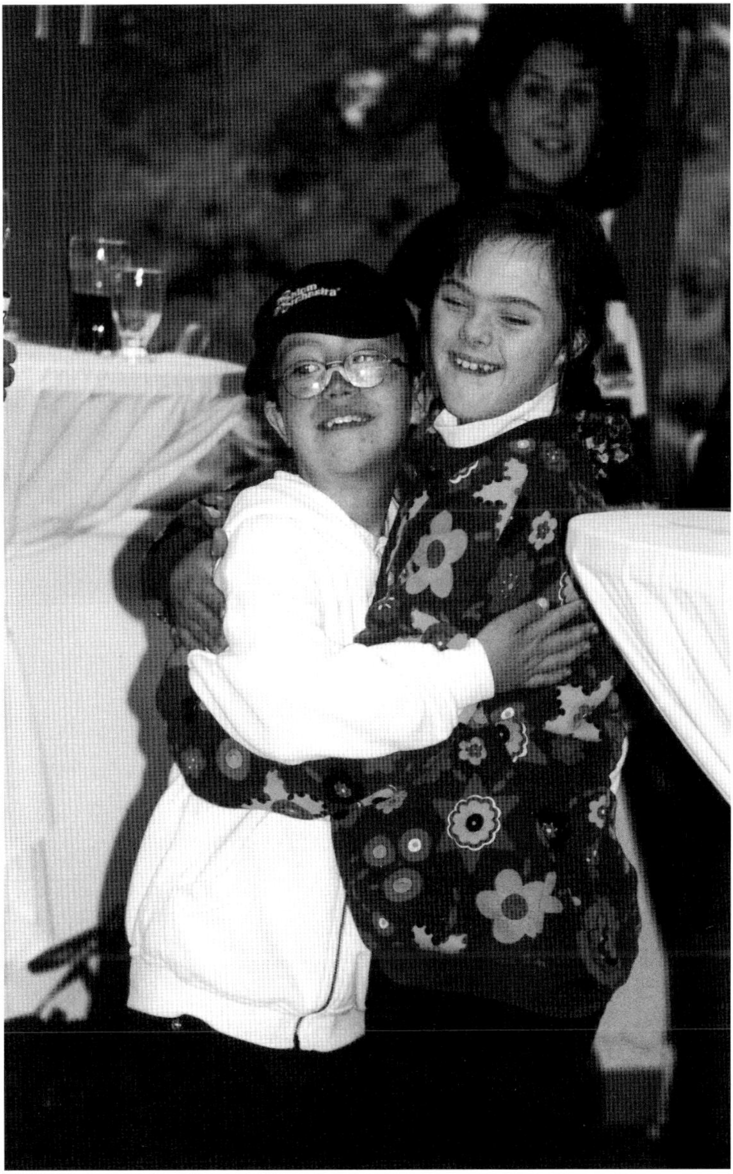

Bild: 14: Erfolgserlebnisse haben eine Körpersprache. Fabio Miessenböck und Bibi Loibner fallen sich in die Arme.

- Wenn der Behinderte ein Erfolgserlebnis hat, treten positive Folgen für seine Persönlichkeitsentwicklung ein. Ich lehne deshalb Therapiemodelle ab, in denen *ohne Erreichung eines harmonischen Gemeinschaftsgefühls* Bewegungs- und Verhaltenstechniken eingeübt werden, die den Behinderten an Verhaltensnormen von Nichtbehinderten anpassen sollen (hier erfährt der Behinderte sein Leben lang, dass er behindert ist).

Bei diesen angesprochenen Methoden steht nicht mehr der Behinderte im Mittelpunkt, sondern die therapeutische Institution. Es ist allerdings keine willkürliche Annahme, dass die von mir entwickelte Art der Musiktherapie das hauptsächliche Zentrum therapeutischer Arbeit sein kann: Die Folgen und Ergebnisse meiner Therapieform werden ausführlich erläutert und müssen einem Kenner der Szene eigentlich vor Augen führen, dass das Therapieziel umso eher erreicht ist, je selbstbewusster, freudiger und sozialer die Behinderten leben.

Ich befürworte eine Therapieform, bei der sie

- ehrlich und vollinhaltlich als Menschen anerkannt werden,
- etwas leisten können, was ihnen ebenso gut oder sogar besser gelingt als Nichtbehinderten,
- bei der sie depressives, apathisches und demotiviertes, aber auch aggressives Verhalten abbauen,
- ihr Können und die positiven Entwicklungen selbst bemerken und daran Freude haben.

Wir entwickelten eine weltweit – bisher wohl einzigartige – Musiktherapie für Behinderte, die in wesentlichen Punkten von bisherigen Modellen abweicht. Ihre Ergebnisse lassen den Schluss zu, dass diese Art der Musiktherapie den Begriff Musik tiefer und wahrhafter begreift als bisherige Modelle.

Einige der wichtigsten neuen Ansätze:

- Der Musiktherapeut muss ein versierter, ausgebildeter Musiker sein. Mediziner, Psychologen und Pädagogen können Rahmenbedingungen stellen, die zum Gelingen beitragen, nicht aber jene Kenntnisse vermitteln, über die ein versierter Musiker verfügt.

- Musik ist Darbietungskunst, also ist Musiktherapie Darbietungskunsttherapie. Musiktherapie ist ein sinnloses Unterfangen, wenn sie in einem Zimmer angewendet wird, denn dort lernt der Behinderte nie den Sinn seiner Aufgabe kennen. Deshalb muss er die Möglichkeit haben, sein Können öffentlich zu präsentieren.
- Mein Musiktherapiekonzept läuft auf ein Ziel hinaus, das zweifache Wirkung hat: die Integration der Behinderten durch öffentliche Auftritte sowie auch die „Therapierung" einer Öffentlichkeit, die gegenüber Behinderten oft „gefühlsbehindert" ist, indem die Situation des Auftrittes zu mehr Ehrlichkeit gegenüber den Behinderten und sich selbst erfordert.
- Behinderte können leider niemals jene Anschlagtechnik erlernen, die auf Natur-Perkussionsinstrumenten einen guten und richtig gespielten Ton erzeugen. Therapiert man sie dennoch auf solchen Naturinstrumenten, behindert man sie in den Ausdrucksmöglichkeiten ihrer oft reichlich vorhandenen rhythmischen Talente.
- Ist der Musiktherapeut nicht rhythmisch versiert, hemmt er die Entwicklung der rhythmisch talentierten Behinderten.
- Durch die Verwendung elektronischer Instrumente spielt der korrekte Anschlag keine Rolle, so kann sich der Behinderte voll auf die Entfaltung seiner rhythmischen Talente und Musikalität konzentrieren. Moderne Musik mit modernem Instrumentarium löst bei Behinderten Motivationen der Kreativität und Kontinuität aus, wie sie durch herkömmliche Musiktherapien nur schwer möglich war.
- Musiktherapie soll Behinderten die Möglichkeit geben, als Musiker in einer Gruppe öffentlich aufzutreten. Musiktherapie, die sich als Beschäftigungs- oder Bewegungstherapie definiert, sollte sich nicht Musiktherapie nennen.

Musiktherapie führt nach meinen Erfahrungen dann zum Erfolg, wenn sich die Behinderten über ihre Leistungen sehr freuen. Die Freude des Behinderten und sein ungeheures Interesse am Musizieren – auch nach den Therapiestunden – gilt als Zeichen für erfolgreiche Musiktherapie. Die Therapie ist dann verfehlt, wenn sich zwar der Therapeut und eventuell das Publikum über eine eintrainierte Darbietung freuen, die Behinderten selbst aber angestrengt, apathisch und depressiv erscheinen.

Es gehört zu den Aufgaben des Musiktherapeuten, beim Spielen jede Nuance eines jeden der Gruppe rhythmisch und musikalisch verfolgen zu können. Nur so wird aus der „Beschäftigung„ mit Musik eine musikalische Ausbildung. Und nur dann werden die Behinderten so ernst genommen, wie es ihnen zusteht.

Reale Utopien

Es geht um jene Schwächeren unter euch, die ohne Utopien zerbrechen. Und wenn sie nur bewirkt, daß da und dort einer es plötzlich wieder aushält in der Gegenwart –

Daß er wieder festen Boden unter den Füßen spürt und die Sekunden nicht mehr in ein Chaos stürzen –

Daß Tag und Nacht den Anschein des Untergangs verlieren und die Zeit wieder einfach vergeht –

Es ist nicht ausschlaggebend, ob alles sofort und restlos realisierbar ist, aber: wir können keinen Schritt tun, ohne ihn vorher gedacht zu haben!

Die beste, die einzige menschenwürdige Haltung, solange man geben und etwas leisten kann, ist immer noch die des Aufbruchs, und sei es um den Preis, dass einen manchmal nichts und niemand mehr im Leben zu halten vermag, nur eben das am wenigsten Reale, das nur in äußerster Verletzlichkeit Vorhandene: Die Idee.

Annemarie E. Moser: „Vergitterte Zuflucht", Roman, Verlag Styria, Graz 1982, S. 190

Die Sprache der Behinderten verstehen

Es gehört zu den schwierigsten, aber wichtigsten Aufgaben der Gesellschaft – und insbesondere des Therapeuten –, die Sprache des Behinderten zu verstehen, da der Behinderte selbst nicht die Möglichkeit hat, sich unserer Kommunikationsart anzupassen.

Wir arbeiten hauptsächlich mit Menschen mit Down-Syndrom (Mongoloiden), mit Spastikern, mit zerebral Geschädigten und Autisten. Die Sprache dieser Behinderten lässt sich nicht darauf reduzieren, was sie uns verbal oder nonverbal mitteilen. Erst ihr Verhalten im Zusammenhang mit einer bestimmten Situation zeigt ihre volle Verständigungsmöglichkeit. Wenn falsch interpretiert wird, kann das zu Missverständnissen führen: z. B. hören Schwerbehinderte auf Klangstäben keinen Dreiklang – sie lächeln aber trotzdem vermeintlich zustimmend, was zu einem gefährlichen Trugschluss des Therapeuten führen kann.

Sobald die Behinderten merken, dass sie in rhythmischer Einheit mit ihrer Gruppe spielen, spüren sie ganz deutlich, dass sie „richtig" spielen, dass der Sound, den sie erzeugen, gut und positiv ist.

Dadurch tritt ein deutlich beobachtbares Erfolgserlebnis auf. Das steigert sich um ein Vielfaches, wenn sie öffentlich vor Publikum spielen dürfen. Die Herausforderung, ihr Können in einem offiziellen Rahmen darzubieten, intensiviert das Erfolgserlebnis, in einem Ensemble richtig zu spielen, ein für den Therapieerfolg wichtiger Punkt.

Diese Art der Bestätigung durch öffentliche Performance verschafft den Behinderten soziale Anerkennung, Identitätsschaffung und damit einen ungeheuren Motivationsschub, der einen nachhaltigen Einfluss auf das Verhalten der Behinderten hat.

Aus diesem Grund sollten die Behinderten immer Bescheid wissen, *warum* und *wofür* sie üben, wozu sie überhaupt musiktherapiert werden.

Nach unseren Erfahrungen ist Musiktherapie, die jahrelang in einem abgesonderten Zimmer stattfindet, ohne dem Behinderten ein Ziel zu geben, sinnlos. Für die Behinderten bedeutet das konkret, dass man nicht ernsthaft genug auf sie und ihre Bedürfnisse eingeht und erst gar nicht versucht, sie zu verstehen.

Vor einem öffentlichen Auftritt sind die Behinderten oft tagelang freudig erregt, genauso aufgeregt wie professionelle Musiker auch. Durch häufige Konzerte entsteht jedoch Routine, sie entwickeln völlig selbstständig professionelles Verhalten, das weder antrainiert noch erzwungen wird. Die Behinderten gewinnen zunehmend an Selbstbewusstsein und die Depressionen nehmen deutlich ab.

Die Haltung von uns „Gesunden" den Behinderten gegenüber, ihre individuelle Identität anzuerkennen, ihre Fähigkeiten zu schätzen, hat eine Bedeutung, die überhaupt nicht hoch genug bewertet werden kann.

Es ist uns durch diese Art der Musiktherapie gelungen, bei sämtlichen beteiligten Behinderten die vorher nötig gewesenen Antidepressiva abzusetzen.

Bild 15: Gemeinsam die eigene Stimme hören. Musikausbildung trotz Behinderung. Die Frage nach dem „Warum" verlangt nach einem Ziel.

Die Beleidigung

Als Igor Rozol eines Tages in Gesellschaft gefragt worden war, ob er eigentlich für die Erhaltung der Menschenrechte eintrete, soll er verschreckt aufgeschaut, gesagt haben, daß er die Frage nicht verstünde, und gegangen sein.

Nachdem ihm einer von der Gesellschaft nachgelaufen war und gefragt hatte, weshalb er denn die Frage nicht verstünde, soll Rozol gesagt haben, weil es keine Frage wäre – und weitergegangen sein.

Aus „Anekdoten aus dem Leben Igor Rozols" von J. B. Schörkmayr 1982

Der therapeutische Ansatz des NO PROBLEM MUSIC-Therapiekonzeptes

Durch eine Reihe von praktischen Untersuchungen und Beobachtungen entdeckte ich, dass sich das Bewegende in der Musik (ihr archetypischer Charakter) auch in Form der Rhythmik in der Musiktherapie anwenden lässt. Durch die bloße Vorgabe verschiedener Rhythmen stieg das von mir geleitete Behindertenorchester innerhalb kürzester Zeit (oft sogar unmittelbar) rhythmisch richtig ein und führte die Musik – in diesem Falle die Rhythmik – eigenständig weiter.

Die Erfahrung zeigt, dass sich die Konzentrationsfähigkeit während des rhythmischen Spielens derart steigern konnte, dass ab einem bestimmten Zeitpunkt kein Unterschied zu den „Profi-Drummern" der Musikszene zu bemerken war.

Das bedeutet, dass mein musiktherapeutischer Ansatz die Behinderten in die Lage versetzt, innerhalb des rhythmischen Mediums ihre Behinderung manchmal völlig zu überwinden. Nach Beendigung eines Stückes tritt eine sichtbare Entspannung ein, die Konzentration macht der Freude und guten Laune Platz.

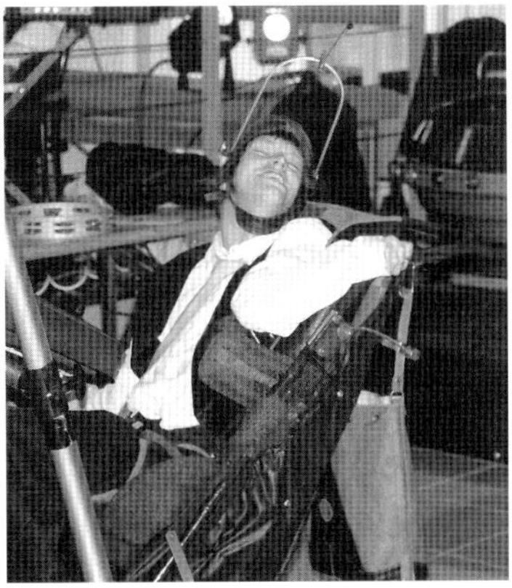

Bild 16: Trotz allem Freude im Leben: Michaela ist schwer spastisch und kann ihre Hände nicht benutzen. Dennoch spielt sie Keyboard mit ihrem Kopf und einem speziell für sie entwickelten Helm.

Im Rhythmus tritt das Grundphänomen der Sprache – nämlich ihre „Regelhaftigkeit" – am deutlichsten hervor, da sich der Rhythmus selbst aus Zahlenverhältnissen zusammensetzt. Der Unterschied zur verbalen Sprache liegt in der weltweit verständlichen Form, die den Rhythmus zu einem global verständlichen Kommunikationsmittel emporhebt.

Als weiteres Ergebnis der Untersuchungen lässt sich feststellen, dass Behinderte mit Neigung zu aggressiven Anfällen nach Integration in eine Rhythmusgruppe eine deutliche Verminderung ihrer Anfälle erleben konnten.

Mein Ansatz enthält die Idee der disziplinierten Freiheit, ein Grundprinzip auch jeden Profi-Musikers. Das heißt, wir suchen durch rhythmische Harmonie einen (z. T. heftigen) Ekstasezustand bei gleichzeitig

Bild 17: Drummer in Action

hoher Konzentration auf das Spielen. Wohl dadurch ist zu erklären, dass viele Stücke in ihrer Impulsivität und ihrer rhythmischen Korrektheit so professionell klingen.

Wir arbeiten sichtlich produktiv mit den Behinderten. Es gibt kaum Probleme der Verständigung oder der musikalischen Gesamtkonzeption. Während sich professionelle Musiker z. B. im Studio oftmals gehemmt oder besonders dominant geben, sich zu profilieren versuchen oder von Nervosität in ihrer Kreativität behindert werden, sind Behinderte in dieser Hinsicht völlig unbelastet und agieren problemlos und frei.

Ihre Behinderung hält diese Menschen wohl davon ab, am Alltag unserer hochkomplexen Zivilisation teilzunehmen, andererseits sind sie auch von den Zwängen des Alltags und den Neurosen einer der natürlichen Umwelt entfremdeten Gesellschaft weitgehend befreit und können sich einer Aufgabe, z. B. den Rhythmen, voll hingeben. Unter diesem Aspekt betrachtet, kommen uns vielfach die so genannten „Normalen" eher behindert vor, da die Behinderten fähig sind, völlig frei (in der jeweiligen rhythmischen Situation) zu agieren.

Dieser musiktherapeutische Ansatz kann so gesehen zu einer wertvollen Bereicherung in der Behindertenpädagogik beitragen und nicht nur könnte die Musiktherapie neu belebt werden. Auch für die Arbeit mit Behinderten im handwerklichen Bereich, in den Sparten der bildenden und darstellenden Kunst sind die Erfahrungen der NPMT anwendbar. Manche Behinderte haben eben weniger Talent zum Musiker, sind aber ausgezeichnete Maler oder Handwerker. Auch für sie kann das Erlebnis einer Gruppenarbeit sowie öffentlicher Ausstellung inklusive persönlicher Kontakt mit Publikum zu einer großen Bereicherung in ihrem Leben werden.

1990 wurde das NPMT-Zentrum in Kärnten als weltweit erste derartige Institution eingerichtet, mittlerweile gibt es auch in Graz eine Zweigstelle. Im NP-Musiktherapiezentrum werden geistig und geistig-körperlich Schwerbehinderte zu professionellen Musikern ausgebildet, die in der Lage sind, die Ziele der Musiktherapie zu verwirklichen:

Integration in die Gesellschaft und Hilfestellung durch die Behinderten für die Gesellschaft, nicht behindert mit Behinderten umzugehen.

Bild 18: Die Anfänge 1984 noch auf Natur-Instrumenten. Der erste Versuch, eine Band zu formieren.

Das NPMT-Zentrum in Kärnten kann durch zahlreiche öffentliche Auftritte seinen Anspruch, integrative Musiktherapie erfolgreich zu betreiben, begründen und rechtfertigen: Die Integrationsziele wurden innerhalb des ersten Jahres bereits voll erreicht.

Die Überprüfung des Erfolges obliegt nicht abgehobenen Expertenzirkeln, sondern einer breiten Öffentlichkeit, die erkennen kann, dass Behinderte normale, würdevolle und anerkennungswürdige Menschen sind. Hier wird den Behinderten die Möglichkeit geboten, ihre rhythmischen und melodischen Talente voll zu entfalten, ihre Fähigkeiten zu Fertigkeiten zu entwickeln, und zwar mit zeitgemäßem Instrumentarium. Ein Teil der therapeutischen Arbeit ist das Umgehen-Können mit Instrumenten, ein anderer Teil sind die öffentlichen Auftritte. Die Arbeit des Musiktherapiezentrums findet in der Öffentlichkeit breite Anerkennung und der wichtige Schritt zur echten Behindertenintegration ist mit Erfolg begangen worden. Dabei handelt es sich um keine Freizeit-Therapie, sondern um anspruchsvolle und harte Arbeit im Berufsbild des professionellen

Musikers. Es handelt sich bei den Produktionen dieser Arbeit um künstlerische Produkte mit hohem Professionalitätsgrad.

Medizinische Grundlagen

Nirgendwo in der Fachliteratur bin ich auf Erfahrungen über die Verwendung von elektronischen Instrumenten bei Behinderten-Therapien gestoßen: Meines Wissens nach sind solche bisher zu diesem Zweck noch nie verwendet worden. Zwar wurden sie für Musiktherapie bei Psychotherapiepatienten eingesetzt, nicht jedoch bei Behinderten.

Seit Beginn der 60er Jahre, mit den Anfängen von Beat-, Pop- und Rockmusik, gab und gibt es heftige Reaktionen von allen Seiten traditioneller, klassischer Musiker und auch aus Teilen der älteren Generation gegen diese „Art von Lärmerzeugung". Dies scheint mir auch aus meiner Erfahrung als professioneller Musiker moderner, zeitgemäßer Musik keine sachliche, sondern eine emotionale Haltung aus Abneigung gegenüber heutiger elektronischer Musik zu sein.

Es wurden sogar – damals wie heute – Untersuchungen über die mögliche schädliche Wirkung bei Dauerbeeinflussung künstlicher Ausschwingvorgänge (also elektronischer Instrumente) durchgeführt.

Man sollte jedoch unterscheiden zwischen:

- Untersuchungen mit wissenschaftlichem Anstrich unter Vorspiegelung empirischer Korrektheit zur „Diffamierung" von moderner elektronischer Musik. Die Aussage „Das ist ja gar keine Musik, das ist ja bloßer Lärm" war in der musikwissenschaftlichen Diskussion noch Ende der 60er Jahre ein Standardargument, das es zu untermauern galt. Heute hat elektronische moderne Musik in der ganzen Welt mehr Zuhörer als jede andere Musikrichtung der Menschheit je zuvor.
- und Untersuchungen im neurophysiologischen Bereich mit streng empirischen Experimentalanordnungen: Dort stellte sich heraus, dass bei übermäßig lauter (das Gehör mitschädigender!) Musik (durch entsprechenden Frequenzumfang) und durch zeitmäßig zu lange Aussetzung von entsprechenden Frequenzen Schädigungen eintreten kön-

nen, aber nicht generell eintreten müssen. Es kommt hier natürlich sehr auf die Versuchsanordnung, deren Begriffsinventar und auf die Parameter an.

Dazu möchte ich erklären, dass der Thalamus eine Umschaltstelle sowohl für akustische wie für optische Erregung ist und eine enge Verbindung zwischen Thalamus und Kortex besteht. So hat *jeder* übermäßige akustische oder optische Reiz das Potential, bei *Dauerbelastung* eine Schädigung des Thalamus hervorzurufen.

Dass ich diese Tatsache bei unserer praktischen Therapierung streng beachte, versteht sich für einen Musiktherapeuten nach einer jahrelangen universitären Ausbildung von selbst. Schließlich gehört neben dem handwerklichen Geschick für einen Musiker das Gehör zu den wichtigsten und am meisten zu schonenden Gaben, und gerade von diesem Standpunkt aus besitzt er wohl die beste Beurteilungs-Kompetenz.

Ich möchte nochmals betonen, dass ein elektronisches Instrumentarium – sinnvoll eingesetzt – aus gegenwärtiger und zukünftiger Musik überhaupt nicht mehr wegzudenken ist. Versuche, diese Musik als „Lärm“ oder „unmusikalisch“ abzutun, wie sie mir leider immer noch begegnen, entspringen einer emotionellen Antipathie und keiner sachlich seriösen Auseinandersetzung.

Die NO PROBLEM MUSIC-Therapie will zeitgemäß sein. Die Behinderten sollen nicht von der Öffentlichkeit abgekapselt, sondern in die Öffentlichkeit integriert werden. In der Öffentlichkeit werden Behinderte mit Musik konfrontiert, mit zeitgenössischer Musik, und die ist heutzutage nun einmal hauptsächlich elektronisch.

Die moderne Musik, die unsere heutige Kultur maßgeblich prägt, wird in der Regel durch Bands produziert, die ihre Produktionen meist auch in Live-Konzerten spielen. Solche Konzerte ziehen Zuschauermengen an wie wenig andere kulturelle Ereignisse. Integrative Musiktherapie geht darauf ein, indem sie moderne Musik mit zeitgemäßen Instrumenten und in zeitgemäßer Form präsentiert, also bei Live-Auftritten. Naturgemäß interessieren sich v. a. jüngere Menschen für moderne Musik, ebenso wie jüngere Behinderte. Diese Musik ist Zeichen eines Lebensgefühls einer ganzen Generation und verbindet diese Generation über alle Ideologien und Lebenseinstellungen hinweg.

Elektronische Schlagzeuge – die richtigen Instrumente für Behinderte

Musik ist Darbietungskunst
Musiktherapie ist Darbietungskunsttherapie

Das heißt, Musiktherapie soll dem Behinderten und Schwerstbehinderten helfen, sein Talent, seine musikalischen Fähigkeiten vor Publikum darbieten zu können. Das sollte mit elektronischen Instrumenten durchgeführt werden und Musik der Moderne sein. Unter den modernen Musikbegriff fällt auch der Begriff „Sound". Jener Sound, den wir in der zeitgenössischen Musik wiederfinden, ist heute weitgehend ein elektronischer.

„Es ist musikwissenschaftlich bewiesen, dass der Mensch im Allgemeinen und der Behinderte im Besonderen nur mit zeitgenössischer Musik in rhythmische Schwingungen versetzt werden kann", sagte Univ.-Prof. Dr. Franz Kerschbaumer (Musikuniversität Graz) 1985.

Wäre etwa vor 200 Jahren ein Mozartmenuett dafür geeignet gewesen, so ist es heute die Beat-, Pop- oder Jazzmusik der Gegenwart, die Menschen am ehesten anregt. Hier muss man natürlich zwischen persönlichem Geschmack und tatsächlicher rhythmischer Anregung unterscheiden.

Es macht wenig Sinn, Behinderte mit Instrumenten, Rhythmen und Melodien zu therapieren, die nur von wenigen ausgesuchten Leuten gehört werden. Diese Produktionsvoraussetzungen repräsentieren nicht die reale Lebenswelt, an die Behinderte gerade herangeführt werden sollen und die sie selbst natürlich aus Rundfunk und Fernsehen kennen. Zeitgenössische Musik prägt die moderne Gesellschaft. Zeitgenössische Musik wird eben hauptsächlich in Rundfunk und Fernsehen gespielt. Zeitgemäße Musik wird heute weitgehend mit elektronischen Instrumenten erzeugt. Das ist der Normalfall. Deshalb sollte eine zeitgemäße Musiktherapie, die sich zum Ziel setzt, die Behinderten in die reale Lebenswelt zu integrieren, mit modernen Instrumenten arbeiten und moderne Musik spielen, und nicht etwa Musik, die nur von Randgruppen gehört und produziert wird.

Das NO PROBLEM-Keyboard

Die NO PROBLEM MUSIC-Therapie sowie der Name NO PROBLEM ORCHESTRA wurde patentiert bzw. für Musikdarbietung, Musikerziehung, Musiktherapie mit einer „Trademark" versehen. Deshalb befindet sich auch das bekannte ® neben dem Schriftzug.

Was aber für den Leser und Musiktherapeuten interessant sein dürfte, ist mein Weltpatent für das *„No Problem Electronic Keyboard Instrument"* (US-Patent # 4730533 , A-Patent # 388821, European Patent # 0220423).

Viele Leute haben mich schon gefragt, wie es möglich ist, dass unsere Schwerstbehinderten derart dynamisch, professionell und vor allem auswendig die Melodien an den Synthesizern spielen können. Nun, die Idee ist ganz simpel.

Es ist in der Regel nicht möglich, bei Schwerstbehinderten mit Noten zu arbeiten. Auch ein Nichtbehinderter braucht sehr lang, um die Notenschrift überhaupt zu erlernen. Als Musiker muss man sie aber so beherrschen, dass man sie so flüssig lesen kann wie einen Text, und ebenso schnell muss man sie in Handlung umsetzen. Dieser „Transportweg" vom Notenblatt in das Gehirn und zurück in die Hände ist für geistig und körperlich Behinderte viel zu lang. Aus diesem Grund funktionieren auch die Versuche mit auf dem Markt befindlichen Kinderorgeln nicht. Da leuchtet über jener Taste, die gespielt werden soll, ein Licht. Auch dafür sind wieder zwei „Wege" notwendig: Licht – Gehirn – Taste.

Ein Solist der NO PROBLEM MUSIC-Therapie lernte vor 15 Jahren eine Melodie folgendermaßen:

Zuerst hörte er das Lied vom Band. Das ist unbedingt nötig, damit er die Notenwerte (also die Länge der einzelnen Töne) ins Gefühl bekommt. So machte er sich von Anfang an schon seine Vorstellung über seine eigene Phrasierung.

Bild 19: Solist am Keyboard: Carlo Frikel, Autist und begnadeter Musiker. Schallwellen ins Innenleben.

Dann wurden die Noten des A-Teils des Liedes (also der Strophe) durchgezählt und mit Ziffern auf die Tastatur geschrieben. Ton eins ist Ziffer 1, Ton zwei ist Ziffer 2 usw.

Der B-Teil des Liedes (der Refrain) wurde auf die gleiche Art „ausgeziffert", ich verwendete dazu nur eine andere Farbe, damit der Behinderte leicht zwischen Strophe und Refrain unterscheiden konnte. Nach recht kurzer Probenarbeit konnte der Behinderte den Song auswendig und er wanderte ins Repertoire der Therapie.

Bei meinem patentierten Keyboard handelt es sich um dieses Prinzip, aber die Methode ist noch weiter verbessert. Die Tastatur besteht aus durchsichtigen Tasten aus Plexiglas. In diesen Tasten ist ein digitales Neonziffernsystem eingebaut. Die beleuchtete Ziffernskala zeigt die Tonfolge des Liedes. Ist ein Ton gespielt, erlischt die Neonziffer wieder, um den Solisten nicht zu irritieren.

Mit diesem Instrument können Anfänger und Schwerstbehinderte binnen kürzester Zeit Lieder spielen.

Bild 20: Erster Prototyp des NO PROBLEM-*Keyboards*

Die Idee mit den gekennzeichneten Tasten ist derart simpel, dass ich es kaum glauben konnte, dass dafür im Jahre 1986 noch ein Patent frei war!

Perkussion – das Problem der Anschlagtechnik

Als ich 1983 als Musiktherapeut zu arbeiten begann, fand ich eine ganze Reihe von so genanntem „Behinderten-Instrumentarium" vor. Eine Unzahl von Klangstäben aus Metall und Holz, weiters Xylophone, Vibraphone, Metallophone, Handtrommeln, Tamburine, Kesselpauken und dergleichen – speziell für Behinderte gebaute – Instrumente. Ein Jahr lang versuchte ich, den Behinderten damit zu einem wirklichen Erfolgserlebnis zu verhelfen.

Die Ergebnisse? Ein leicht Behinderter kann nach langer Übungszeit eine Melodie so weit spielen, dass ein Zuhörer sie erkennt. Ein wirklich Behinderter wird auf solchen Instrumenten nie ein Erfolgserlebnis haben, von Schwerstbehinderten ganz zu schweigen.

Daran lässt sich auch nichts ändern – aus einem einfachen Grund: Ein Behinderter kann nie die richtige Anschlagtechnik erlernen. Sämtliche Perkussionsinstrumente (also die gesamte Familie der Schlaginstrumente, inkl. der melodischen, wie etwa Xylophon) erfordern, dass der „Drumstick" im richtigen Winkel zum Instrument, mit präzise gesteuertem Kraftaufwand und an der richtigen Stelle, z. B. des Trommelfelles, geschlagen wird. Diese Koordination stellt für Behinderte eine unüberwindliche Hürde dar. Dadurch klingen die Instrumente nicht, haben keinen guten oder sogar einen falschen Ton.

Ein Schlagzeuger braucht gut zwei Jahre zum Erlernen der richtigen Anschlagtechnik. Wie sollte dies also ein Behinderter schaffen? Und wozu diese Hürde?

Auch professionelle Musiker sind seit Jahren mehr und mehr dazu übergegangen, elektronische Instrumente zu verwenden. Nicht nur, weil diese Instrumente den Zugang zum Musikmachen erleichtern, sondern auch, weil sie eine neue, faszinierende Klangvielfalt ermöglichen.

Als ich zu Beginn meiner Tätigkeit noch auf Naturinstrumenten arbeitete, machte ich einmal eine Rundfunkaufnahme mit einer kleinen Gruppe von Behinderten. Es sollte ein Weihnachtslied auf Band festgehalten werden. Nach einer Weile intensiver Arbeit sagte mir der Tontechniker, dass er unmöglich einen guten Sound für die Sendung zustande bringen könne. (In Wahrheit drückte er sich etwas weniger höflich aus.) Also erklärte ich diesem missliebigen Zeitgenossen geduldig, dass wir doch bitte schön die allerteuersten und besten Behinderteninstrumente hätten und … Er zuckte mit den Schultern und sagte: „Schon, aber sie hauen falsch drauf."

Sollte der Sinn der Technik nicht darin liegen, dem Menschen zu helfen? Auch und gerade Behinderten? Ich halte deshalb Synthesizer und Schlagzeugcomputer für die Arbeit mit Behinderten für ideal. Ein Drumcomputer nimmt keinen falschen Anschlag übel.

Der Behinderte muss „nur noch" rhythmisch richtig spielen können. Das ist ein Talent, das ich besonders häufig und ausgeprägt vorfinde. Der springende Punkt besteht darin, dass diese Begabung nicht durch die Hürde einer unerlernbaren Anschlagtechnik gehemmt wird. Denn dann

Bild 21: Das NPO füllt Säle. Hier im Austria Center Wien, Mai 2001 anlässlich der Eröffnung des Welt-Genetik-Kongresses.

kann der Behinderte wirklich Musik machen. Man hört keinen Unterschied mehr zwischen einer Behindertengruppe und einer Profiband.

Ich möchte an dieser Stelle noch etwas zur traditionellen Musiktherapie hinzufügen: Die Therapeuten, die nach traditionellen Methoden arbeiten, wissen entweder nicht über dieses Faktum Bescheid und hören den „missglückten Ton" einfach nicht, oder sie nehmen die Begabung der Behinderten nicht ernst genug und betreiben somit *Musiktherapie als Beschäftigungstherapie.* Anders ist es mir nicht erklärlich, dass beharrlich weiterhin mit Natur-Perkussionsinstrumenten gearbeitet wird.

Schließlich und endlich geht es ganz allein um ein Erfolgserlebnis für die Behinderten und nicht um ein Erfolgserlebnis des Therapeuten oder des Publikums.

Ein Musiktherapeut muss sich daher über das Medium Musik, besonders über die Rhythmik genau informieren. Behinderte sind auf diesem Gebiet hypersensibel. Sie spüren jede Unsicherheit des Therapeuten sofort, mit dem Resultat, diese Unsicherheit zu verinnerlichen. Deshalb kann ein rhythmisch nicht versierter Therapeut die Begabung der Behinderten eher hemmen als fördern.

Die „Groove" als Voraussetzung für eine erfolgreiche Musiktherapie

Der wesentliche Unterschied zu herkömmlichen musiktherapeutischen Praktiken besteht nun darin, dass es bei der NPMT um Schulung und Förderung musikalischer Begabung beim Behinderten geht.

In traditioneller Musiktherapie wird mit Orff- und Orff-ähnlichen Instrumenten gearbeitet, also mit Natur-Perkussionsinstrumenten, die nach der von Gertrude Orff 1974 entwickelten Musiktherapie-Methode als besonders behindertengerecht eingestuft wurden. Die Spieler wechseln bei jeder Therapiesitzung ihre Instrumente.

Hier haben wir durch eine Reihe von Experimenten erkannt, dass – meist ungewollt – nur Ergebnisse erzielt werden, die eine Bewegungs- oder Koordinationstherapie auch bewirkt: das Training von uns „Normalen" sinnvoll erscheinendem Koordinieren von Bewegungssequenzen, Taktspielen und -handlungen, auch in der Gruppe.

So lobenswert diese Therapieform im Hinblick auf die ihr erreichbaren Ziele auch sein mag, so wenig trifft sie den Kern dessen, was durch Musiktherapie möglich ist. Mein Musiktherapiekonzept vermittelt dem Behinderten Zugang zum Erlernen eines Instrumentes, das er dann so einsetzen kann wie ein professioneller Musiker: als Ausdrucksmittel für *seine* Form der Kommunikation, als Mittel zum Zweck für den Ausdruck von Gefühlen *durch* Rhythmus und Melodie, als *Kommunikationsmedium.*

Groove ist jene spezifische Lebendigkeit, die Musik so mitreißend macht, dass der Zuhörer vom Rhythmus angesteckt, ergriffen und berührt wird. Wenn Groove fehlt, wird Musik zu einem toten Klangkörper, der sowohl Zuhörer wie Musiker einfach kalt lässt.

Dies ist ein ganz wesentlicher Punkt in meiner Musiktherapie, weil die Begeisterung der Behinderten für diese Art Musik mit dem Erlebnis der Grooves unmittelbar zusammenhängt. Aus diesem Grund betrachten wir

Bild 22: „Groove is in the air!"

das Spiel, den Rhythmus, der groovt, als erfolgreiche Arbeit. Damit meinen wir jenes rhythmische Erlebnis, das die Behinderten begeistert, das sie als Ausdrucksmittel akzeptieren und das zu ihrer zentralen Motivation wird.

Wie schon erwähnt, stammt der Ausdruck „Groove" aus dem Jazz und hat später auch in andere Musikbereiche Eingang gefunden. Im umgangssprachlichen Englisch gibt es das Wort „groovy" als Adjektiv, ungefähr wie das deutsche „klasse" oder heute „cool". Also etwas, das einfach in gute Stimmung bringt, ohne dass man es näher erklären könne oder müsse.

So ist auch das Wort „Groove" nur zu umschreiben, aber in der Fülle seiner Bedeutung schwer zu definieren. Jeder musikalische Mensch erlebt ihn, wenn ihm der Schwung einer Nummer unwillkürlich in die Füße fährt und davonzutragen scheint, wenn man „abhebt".

Wie man Groove allerdings *herstellt*, dazu bedarf es einer intensiven jazzrhythmischen Begabung und Ausbildung, und hier sind wir am Angelpunkt der Ausbildung zum Musiktherapeuten. Das Ziel liegt im Beherrschen und Erkennen der Grooves und im Schulen und Fördern der Begabung zur Groove beim Behinderten. Ohne die Kenntnis, was Groove ist, ohne die Fähigkeit zu spüren, wann Musik groovt, kann keine Musiktherapie im Sinne des NO PROBLEM MUSIC-Therapiekonzeptes erfolgen, da die Ergebnisse beim Behinderten unwillkürlich ausbleiben.

Es handelt sich beim Begriff „Groove" auch um einen Ausdruck aus der Jazzrhythmik, der als Handlungsbegriff beim Musiktherapeuten praktische Erfahrung voraussetzt, was auch methodisch als entscheidender Punkt in unserem Ausbildungsprogramm wahrgenommen wird. Genau darin unterscheidet sich mein Ansatz von anderen, traditionellen Ausbildungsprogrammen. Diese herkömmlichen Ausbildungsprogramme zum Musiktherapeuten enthalten eine musische, eine rhythmische und eine musikwissenschaftliche Ausbildung, aber keine, die eine schwer erworbene „Groove"-Erfahrung weitergibt und die daher schon methodisch bedingt nicht jenen Anspruch erfüllen können, den die NO PROBLEM MUSIC-Therapie stellt.

Mit Optimismus alles ertragen!

Wohin auch immer unsere Menschen, unser Land hindriftet, ich muss es als Multiple-Sklerose-Gelähmter regungslos hinnehmen. Ich registriere immer wieder staunend das Leben um mich herum nur mit dem Kopf und meinen Augen. Ich habe bisher alles Erlebte überstanden: das Ende des Weltkrieges in Wien, die Hungersnot danach, den Tod meiner Mutter als Folge einer Abtreibung, meine schleichende Lähmung und meinen körperlichen Abstieg, den Zerfall meiner Familie, den Treuebruch meiner Frau, die Scheidungsqualen, den Tod des Vaters, die unsäglichen Erbschaftszwistigkeiten mit meinen Geschwistern, das Hinscheiden meines helfenden ‚Engerls' und schließlich meine Einsamkeit inmitten von Menschen, die es immer kurzfristiger bei mir aushalten.

Komprimiert betrachtet, kann ich all das Erlebte nur mit Optimismus ertragen! ‚Die unerträgliche Leichtigkeit des Seins', über die der tschechische Autor Milan Kundera inmitten folternder und drangsalierender Kommunisten in Prag nachgedacht hat, die trage ich in mir. Was soll mir denn noch zustoßen, das ich nicht im Vertrauen auf meinen Schöpfer bewältigen könnte? Ich muss immer wieder meine Zweifel niederkämpfen, mein Kreuz habe nicht wirklich das mir zumutbare Gewicht. Und nun soll ich mit dem Überspringen dieser Jahrtausendwende endlich meine Lehrzeit abgeschlossen haben!?

Georg Reichlin-Meldegg: „Bis das Schicksal euch scheidet – ein MS-Kranker schildert sein Überleben", Hermagoras-Verlag, Klagenfurt 2001, S. 167;

Erfahrungen mit der NO PROBLEM MUSIC-Therapie

Workshop in Washington, D. C.

Bei einem meiner Vorträge mit anschließendem Praxis-Workshop in Washington 1988 hatte ich die Gelegenheit, mit 15 körperlich und geistig behinderten Kindern (im Alter von 12 bis 16, hauptsächlich Afroamerikaner) zu arbeiteten. Da in dem Institut nur ganz primitive, uralte Perkussioninstrumente vorhanden waren, musste ich eben improvisieren. Ich versuchte, mit diesen Behinderten, so gut es eben ging, einen Tangorhythmus zu spielen. Es war ein ganz tolles Erlebnis. Diese Jugendlichen waren rhythmisch unwahrscheinlich talentiert und hatten nach kurzer Zeit die Groove gefunden, sodass es eine echte Freude war, mit ihnen zu arbeiten. Ich hatte einen kleinen Synthesizer mitgebracht und mit drei der Jugendlichen, die in der Lage waren, bis 13 zu zählen, die Solomelodie geübt.

Ich kennzeichnete am Synthesizer jene Tasten mit den Ziffern 1 bis 13, die die Melodie des Beatles-Songs *Norwegian Woods* ergaben. Nach wenigen Minuten waren diese Schwerstbehinderten in der Lage, die Melodie zu spielen; das Erfolgserlebnis war so groß, dass sie mich vor Freude umarmten und küssten. Dann legten wir die Melodie über den groovenden Tangorhythmus, die Solisten wechselten sich beim Spielen ab, es entwickelte sich eine richtige Session. Als ich gehen musste, begleiteten mich die Jugendlichen bis zum Auto, lachten und waren echt glücklich. Ständig fragten sie mich, ob ich wiederkäme, und wollten ihren Arm um

Bild 23: Entspannt vor dem Auftritt

meine Schultern legen – ich war ihr Freund, ja sogar ihr Kumpel geworden.

Entwicklung des Humors

Die Entwicklung des Humors geht bekanntlich Hand in Hand mit der geistigen Entwicklung eines Menschen. Dadurch, dass unsere Musiker immer mehr Selbstvertrauen entwickelten, wurden sie zu routinierten Conférenciers; sie sagen die Musikstücke selbstständig auf der Bühne an und – das ist ein Novum – sie sind fähig, auf Zurufe des Publikums einzugehen und greifen selbstständig zum Mikrofon, um darauf zu reagieren.

Ein Beispiel: Bei einem Stadtfest in der Steiermark kamen aus dem Publikum – ca. 12.000 Menschen – laute „Zugabe, Zugabe"-Rufe. Thomas Nievoll (Down-Syndrom) ergriff spontan sein Mikrofon und sagte zu den Zuschauern: „Ich danke für Ihre Worte!", mit witzig gemeinter Ironie.

Wieder tosender Applaus im Publikum.

Bild 24: Allen Grund fröhlich zu sein !

Die Persönlichkeitsentwicklung der Behinderten beweist sich immer wieder, wenn sie mit anderen Berufsmusikern zusammen auftreten oder mit ihnen gemeinsam im Kaffeehaus sitzen. Da finden ganz normale Fachgespräche statt, gewürzt mit herzhaften Pointen, und nicht selten sind es die Nichtbehinderten, denen zuerst der „Schmäh“ ausgeht.

Hier verweise ich mit einem Schmunzeln auf mein Anekdotenkapitel auf Seite 119.

Der Behinderte lehrt einen Nichtbehinderten

Im Oktober 1988 begann der Grazer Maler Marin Petko mit einem Bilderzyklus über das NO PROBLEM ORCHESTRA. Während eines Konzertes malte der Maler seine Eindrücke auf die Leinwand. Er nannte das Groove-Zyklus, weil er die wuchtige Groove der Musiker genau verspürte.

Plötzlich entwickelte sich im Ensemble eine derart mitreißende Groove, dass Petko zu malen aufhörte, ein Tamburin ergriff und den Rhythmus mitspielte. Da der Maler aber ein völliger Laie auf dem Instrument war und nicht wusste, wie man es zum Klingen bringt, fand er nicht in die rhythmische Geschlossenheit der Gruppe hinein. Peter Pobatschnig (Down-Syndrom) bemerkte das, legte seine Drumsticks hin (während die anderen weiterspielten), griff nach Petkos Tamburin und zeigte ihm, wie man es richtig spielt. Peter war natürlich, wie immer, perfekt *in time*. Petko bedankte sich anschließend bei Peter Pobatschnig für die großartige Unterweisung.

Unsere NO PROBLEM MUSIC-Therapiepatienten sind so weit, dass sie aus eigenem Antrieb einen Außenstehenden lehren können, wie man ein Instrument richtig bedient. Kennen Sie Menschen mit Down-Syndrom? Wissen Sie, wie sie normalerweise agieren und wie sie reagieren?

Ich bin eigentlich davon überzeugt, dass viele unserer Perkussionisten um Klassen besser spielen, als z. B. die Mehrzahl konventioneller Musiktherapeuten. Aber auch unsere schwerbehinderten Solisten intonieren und phrasieren die Solostimmen so perfekt, dass ihnen viele Berufsmusiker ihre Anerkennung aussprechen.

An dieser Stelle bin ich gewöhnt, von anerkannten Musiktherapeuten den Einwand zu hören, perfektes Spiel sei noch lange keine Musiktherapie. Aber ich unterstreiche immer wieder, was ich in jahrelanger Arbeit beobachtet habe: Allein der therapeutische Effekt des guten Spielens ist nicht hoch genug einzuschätzen.

Nur das Musizieren selbst, in Verbindung mit öffentlichen Auftritten, die Freude an der Anerkennung, die Freude des Groove-Erlebnisses, die Wahrnehmung einer echten Integration, das Vortragen eines Popsongs, der so „fährt“, dass ein Publikum jubelt, und die darüber entstehende Selbstbestätigung bringen dem Behinderten echte Hilfe, eine wesentliche Befreiung aus dem Leiden seines Daseins, das er sonst mit all seinen Kommunikationsproblemen unter Menschen fristen muss, die ihn nicht verstehen und ihm ständig aufs Neue vor Augen führen, wie behindert er ist und wie hilfsbereit ihm doch alles nur Erdenkliche dargeboten wird.

5. Unsere Musiker

Anfänger in der Therapie

Als ich vor 20 Jahren mit der NO PROBLEM MUSIC-Therapie begann, habe ich noch bei jedem Behinderten zu Anfang seiner Therapie die so genannte Eigenschwingung festgestellt. Darunter versteht man jene Schwingung, die der Individualität des Einzelnen entspricht, bei der er sich am wohlsten fühlt.

Um die Eigenschwingung festzustellen, benützen wir einen im Tempo stufenlos regelbaren Drumcomputer, der einen einfachen, geraden Rhythmus einprogrammiert hat. Jeder Behinderte wird einzeln angesteuert. Beginnend mit der Metronomeinheit 100 nähert man sich allmählich dem Herzrhythmus und findet auf diese Weise heraus, dass bei fast allen Menschen (und bei Behinderten natürlich ebenso) die individuelle Schwingung zwischen 100 und 140 liegt.

Der Sinn ist, die Gruppen so zusammenzustellen, dass nur Behinderte mit gleicher oder ähnlicher Eigenschwingung zusammenspielen.

Die individuellen Übungsstunden werden sobald als möglich durch Musikproben in der Gruppe ersetzt, sodass die Behinderten möglichst rasch das Klingen des eigenen Spiels im Ensemble erleben und sich verbessern können. Bereits in dieser Phase der Musiktherapie haben die meisten Behinderten ihre resignative, depressive und motivationslose Phase völlig überwunden. Sie arbeiten frei und konzentriert.

Bringt man ein neues Mitglied in eine Therapiegruppe hinein, so muss man darauf achten, dass es zunächst nur in ganz kurzen Sequenzen zum Spielen kommt. Zuerst ist der persönliche, menschliche Kontakt wichtig.

Der Therapeut spielt zuerst gemeinsam mit dem Neuling den einfachen Rhythmus einer bekannten Melodie. Der Behinderte soll von Anfang an das Gefühl haben, dass er seine Aufgabe gut meistert.

Es ist wichtig, den Orchestermitgliedern so früh wie möglich ihre *anerzogenen* Hemmungen zu nehmen. Sie wissen, dass sie von den übrigen

Musikern akzeptiert werden, und der Applaus des Publikums stärkt sichtbar ihr Selbstvertrauen. Schon nach zwei oder drei Konzerten ist ein gehemmter, schwerbehinderter Mensch wie ausgewechselt. Er wird offener, freundlicher und vor allem viel zugänglicher. Manchmal scheint es, als wäre ihm ein Stein vom Herzen gefallen.

Im Laufe der Therapie wird sich der neue Musiker immer besser in die Groove, in die harmonische rhythmische Geschlossenheit einfinden und er wird zu einem echten Ensemblemitglied; obwohl er von der ersten Stunde an integriert war, ist er nun auch musikalisch wirklich integriert.

Er fühlt sich gut, er weiß um seinen Wert, die Therapie zeigt ihre Wirkung: der Behinderte ist glücklich. Und das ist unser Ziel.

Ein neuer Rhythmus in der Therapie

Zunächst wurden sämtliche Nummern in der NO PROBLEM MUSIC-Therapie im geraden 4/4-Beat-Rhythmus gespielt. Zwar mit überlagernden Polyrhythmen, aber auch mit zeitweiser Verschiebung der Akzente. Dabei fiel mir auf, dass die Betonung aller 4 Viertelnoten den meisten überhaupt keine Schwierigkeiten bereitete, weshalb ich beschloss, einen dieser Struktur ähnlichen Rhythmus zu spielen.

Dazu bot sich der Tango mit seiner geraden Viertelstruktur an. Die starke Betonung auf der *vierund* könnte ein zusätzlicher Anreiz, quasi ein Ansporn, ein Weitertreiben zu noch mehr Begeisterung für diesen Rhythmus sein. Und tatsächlich: Der Tangorhythmus fasziniert unsere Behinderten gewaltig. Am besten erwies sich dabei wieder ein Tempo von um die 120.

Besonders für neu hinzugekommene Therapiepatienten eignet sich der Tangorhythmus hervorragend, um schnell in die Rhythmusgruppe hineinzufinden.

Die Betonung auf der *vierund* irritiert sie nicht im Geringsten, viele betonen nach kurzer Zeit diesen Akzent intuitiv; sobald der Rhythmus groovt, trifft der Behinderte diese Synkope haargenau, und dann tritt

Bild 25: Das No Problem Orchestra unterwegs: heiße Rhythmen in hitziger Atmosphäre: Sloppy Joe, die „Hemingway-Bar" in Key West, USA

wieder einmal dieses totale „AHA-Erfolgserlebnis" ein: Der Behinderte weiß, dass er die Struktur des Rhythmus selbstständig erfasst, diese Form der Musik eigenständig erkannt hat.

Zu diesem Zeitpunkt zeigt die Musiktherapie bereits ihre eigentliche Wirkung: Das Spiel des Solisten ist dem Perkussionisten jetzt nicht mehr so wichtig, für ihn zählt sein persönlicher Anteil an diesem Musikstück. Und den hat er sich selbst geschaffen. Er hat ihn wirklich selbst entdeckt.

Aus der Musiktherapie ist kreative Musik geworden, aus dem Patienten wird ein Musiker.

Ich kann allen Musiktherapeuten und am Thema Interessierten nur empfehlen: Wenn Sie eine rhythmische Einheit in einem Perkussionsensemble finden wollen – versuchen Sie es mit einem Tangorhythmus im Tempo 120!

Sind einmal alle Musiker *in time*, kann man sehr bald den Rhythmus auf *straight beat* umstellen, das wird nun keine Probleme mehr bereiten.

Legen Sie die Akzente bewusst auf die ersten drei Viertelnoten und spielen Sie die Synkope auf der *vierund* eher leise. Dann steigern Sie die Lautstärke der Synkope und Sie werden sehen, welche Begeisterung das bei ihren Patienten hervorrufen wird. Legen Sie über diesen Rhythmus eine einfache Popmelodie, simpel wie ein Kinderlied, etwa *Norwegian Wood* von den Beatles – und schon haben die Therapieteilnehmer ein erstes Musikstück zusammengebracht.

Musik als Hauptberuf?

Bei den meisten unserer behinderten Musiker geht das Interesse an Musik schon weit über die Therapie hinaus.

Der Einwand, dass man doch nicht ständig mit Behindertenensembles spielen, geschweige denn öffentlich auftreten könne, entbehrt aus meiner Sicht jeder Grundlage. Das hieße ja, dass man mit so genannten Nichtbehinderten auch nicht ständig private oder öffentliche Musikveranstaltungen machen könnte.

Die NO PROBLEM MUSIC-Therapie widerlegt diese Skepsis. Unsere Behinderten spielen sehr wohl ständig, ob öffentlich, in der Therapie oder privat. Sie gehen sehr oft in Pop- oder Jazzkonzerte. Ich freue mich sehr, dass sich eine österreichische Zeitung aufgrund der Bekanntheit des NPO bereit erklärt hat, unseren behinderten Musikern ständig freien Eintritt zu sämtlichen Konzerten zu gewähren.

In meiner ersten Publikation im Jahre 1985 habe ich noch davon gesprochen, dass man den Behinderten immer das Gefühl vermitteln solle, sie seien wertvolle Mitglieder eines rhythmischen Ensembles. Nach vielen Jahren konsequenter NO PROBLEM MUSIC-Therapie ist dies eine Realität geworden.

Diese schwerstbehinderten Musiker sind zu tatsächlichen Profis herangewachsen – mit Hunderten, ja Tausenden Konzerten in aller Welt, TV- und Radioauftritten, mit unzähligen Übernachtungen in Hotels fremder Städte. Sie haben den Therapieinhalt tatsächlich zu ihrem Beruf gemacht.

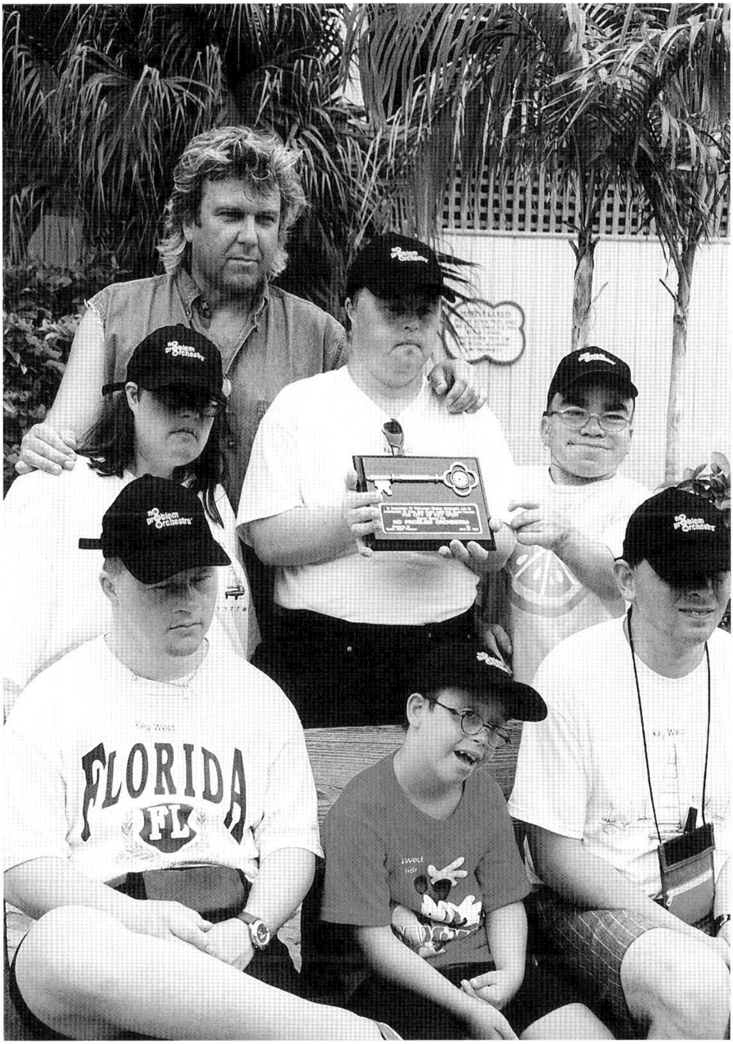

Bild 26: Verleihung der Ehrenbürgerschaft von Key West im Juli 2001. Das NPO *erhält den Schlüssel zur Stadt.*

Bild 27: Problemlos das Grundplayback produziert

Das ist ein Erfolg, wie ihn meines Wissens nach nur wenige Therapieformen zuwege bringen. Das Musiktherapieprojekt ist Musik geworden.

Es ist ihre Arbeit. Sie gestalten ganze Unterhaltungsabende und wissen, dass sie integriert sind, sowohl in der Band als auch in der Gesellschaft.

Ich will mich zwar nicht wiederholen, aber dennoch unterstreichen: Ich weise mit großer Freude auf die Realität des Therapieerfolges hin und darauf, wie vielen Schwerstbehinderten geholfen werden kann, wenn diese Art der Therapie angewendet wird.

Vision Nr. 3

„Wer den Fortschritt sucht, darf suchen,
muss mich aber schon gefunden haben.“

Bild 28: „Burger King"-Verkostung in Key West, USA

Das NPO auf Reisen

Es bleibt nicht aus, dass unser Ensemble auf Konzertreisen in Hotels übernachten und große Strecken per Bus und/oder Flugzeug zurücklegen muss. Selbstverständlich sind für unsere behinderten Musiker immer mehrere Betreuungspersonen zusätzlich dabei.

Selbst auf langen Busfahrten und Flügen verhalten sich auch die Schwerstbehinderten (Down-Syndrom, cerebral palcey) in Summe ungeheuer diszipliniert. Sie sind in freudiger Erwartung auf die bevorstehenden Konzerte, freuen sich auf das Hotel – und wissen vor allem um die Anerkennung all der Leute, die an ihrer Performance als Zuhörer teilnehmen werden.

Im Zimmer angekommen, nehmen die Musiker eine Dusche, machen sich frisch, testen den Fernseher und gehen dann selbstständig ins Hotelrestaurant, um etwas zu trinken oder zu essen. Sodann fahren wir meist zum Auftrittsort, wo ein penibler Soundcheck durchgeführt wird.

6. Das Umfeld

Erfahrung und Kontakte mit Musiktherapeuten

Als ich 1987 das erste Buch „Musik mit Behinderten“ (G. Fischer Verlag, Stuttgart/New York) veröffentlichte, hoffte ich auf den Durchbruch der NO PROBLEM MUSIC-Therapie. Da die Musiktherapieszene als quasi „Unterabteilung“ der Medizin wissenschaftlich strukturiert ist, begründete ich mein Konzept wissenschaftstheoretisch und scheute keine Grundlagendiskussion, um die Seriosität und Wissenschaftlichkeit meines Vorhabens darzulegen.

In den zahlreichen folgenden Diskussionen musste ich jedoch zur Kenntnis nehmen, dass die grundlagentheoretische Auseinandersetzung an den meisten Fachleuten spurlos vorübergegangen war. Dafür war ich umso mehr mit Polemik und Vorwürfen konfrontiert, mein Ansatz sei nicht wissenschaftlich.

Nachdem ich in meiner Publikation – wie mir von unvoreingenommenen Lesern versichert wurde – versucht hatte, verständlich darzulegen, warum die Therapie auf Natur-Perkussionsinstrumenten nicht annähernd so erfolgreich ist wie meine Methode, wurde mir vorgehalten, dass die Anschlagtechnik keine Rolle spiele, denn es ginge ja nicht um das Produzieren von richtigen Tönen, sondern um den therapeutischen Zweck der gemeinsamen Aktion.

Dieses Argument kam ausschließlich von Musiktherapeuten, die *keine* ausgebildeten Musiker waren. „Warum darf eine Musiktherapie ohne Anschlagtechnik nicht als Musiktherapie gelten?“, wurde ich ständig gefragt. „Weil die Behinderten in diesem Fall keine Musik machen“, ist meine Antwort.

Stellen Sie sich bitte vor, Sie müssten regelmäßig in eine Therapiegruppe, wo Sie mit schlechtem Sound und falschen Klängen konfrontiert werden. Es mag zunächst etwas Befreiendes haben, wenn Sie auf eine Pauke schlagen und dazu schreien dürfen, wie Sie wollen. Aber nach kürzester Zeit wird das unerträglich. Ebenso geht es letztlich Behinderten.

Bild 29: Behinderte unter Beobachtung?

Wir machen uns menschlich und sachlich schuldig, wenn wir Behinderten ein gutes Gehör absprechen. Es ist natürlich so, dass ihre geistigen Kapazitäten, manchmal auch die körperlichen Fähigkeiten eingeschränkt sind. Das darf uns nicht zu dem Trugschluss verleiten, dass ihre Seele und ihre Empfindungen anders wäre als Ihre und meine.

Schlechte, falsch gespielte Musik, Zwang, Demütigung und Unfreiheit ist für sie genauso schwer zu ertragen wie für uns. Ihre Behinderung darf uns auch nicht zu der krausen Vorstellung verleiten, dass sie automatisch unmusikalisch seien oder nicht über dasselbe ästhetische Gehör verfügen wie wir. Im Gegenteil: Überdurchschnittlich viele dieser Behinderten sind sogar besonders musikalisch und empfindsam!

Und nun stellen Sie sich ein Orchester vor, in dem die Musiker nicht über die Technik verfügten, ihre Instrumente korrekt zu spielen. Das Orchester wäre für ein Publikum keine fünf Minuten zu ertragen. Was hilft es den Konzertbesuchern, wenn die Orchestermitglieder erklärten: „Ich beherrsche zwar mein Instrument nicht, aber warum soll ich nicht trotzdem in einem Orchester spielen dürfen?"

Wie man durch ernsthaftes Studium der einschlägigen Fachliteratur leicht erkennen kann, kommen immer mehr wirklich skurrile Therapiemethoden auf, in denen die Heilung durch etwas in der Musik mitschwingendes Heiliges oder Mystisches hervorgerufen werden soll. Die Grenzen zur Esoterik und zum Okkultismus verschwimmen hier schnell und zeigen, dass unter dem Titel Musiktherapie sogar Sektiererei transportiert werden kann. Was das mit Musik zu tun haben soll, ist mir unklar.

Die Musikliebhaberin

Laut mündlicher Überlieferung soll Rozols Frau, deren Vorname bis heute nicht bekannt ist, es angeblich bedauert haben, daß Igor kein Musikinstrument beherrsche. Man sagt, daß sie ihn insgeheim sogar für einen Banausen gehalten haben soll.

Rozol selbst soll sich aber nie für einen Banausen gehalten haben.

Aber doch, so sagt man, sei er eines Tages in die Stadt gefahren und habe sich, seiner Frau zuliebe, ein Streichinstrument gekauft.

Seine Frau habe dies aber als Zumutung empfunden.

Igor Rozol soll dann aber nicht beleidigt gewesen sein, sondern man sagt, er hätte das Instrument in der Küche eingemauert.

Überliefert wird, daß seine Frau, deren Vorname trotz intensivster Forschung bis heute nicht bekannt ist, fortan die Küche in Gegenwart von Gästen „Musikzimmer“ nannte.

Ein Trauerspiel.

(Aus „Anekdoten aus dem Leben Igor Rozols“ von J. B. Schörkmayr, Ploetz & Außerhofer, Graz 1982)

Standpunkte

Ansichtssache: Ärzte, Psychologen, Psychotherapeuten und (Sonder-) Pädagogen betrachten in ihren Musiktherapiekonzepten Musik als Kommunikationsmedium, während Musiktherapeuten, die Musiker sind, Musik als charakteristisch eigenständiges Medium bestehen lassen. Therapeuten, die kein Musikstudium aufweisen können, verfügen in der Regel nicht über das harmonikale, rhythmische Know-how, das ein Musiktherapeut aufgrund seiner professionellen Musikerausbildung erworben hat.

Nun hat sich aber gerade in der Musiktherapie eine Definitionspraxis etabliert, die es in anderen wissenschaftlichen Disziplinen kaum oder nicht in diesem Maße gibt: Zum einen wurden musiktherapeutische Bundesverbände gegründet, denen auch die Koordinierung in Lehre, Forschung und Praxis obliegt. Eigenartigerweise definieren dort Nicht-Musiker-Therapeuten, was Musik, Musiktherapie, Rhythmus usw. in der Musiktherapie ist und was nicht.

Ärzte, Psychologen und Psychotherapeuten rechtfertigen und begründen ihre Definitionen gegenüber Musikern, die ihrerseits leicht und schnell feststellen können, dass diese Definitionen mit dem Gegenstand ihrer Kompetenz kaum etwas zu tun haben. Sie wundern sich dann, dass Nichtmusiker über etwas sprechen, worüber sie nur sehr wenig Erfahrung (im Vergleich zum professionellen Musiker) und auch sehr wenig theoretisches Wissen haben, von der Instrumentenbeherrschung ganz zu schweigen.

Hinreichend einleuchtend erscheint den Musikern, dass musikalisch nichtkompetente Therapeuten nichts sachlich Argumentatives in den Diskurs einbringen, sondern sich als alleinige legitime Definitionsinstanz dafür sehen, was Musiktherapie sei und was nicht. Diese Haltung kennt man auch aus anderen Institutionen und Ideologien, wobei sie hier besonders bedauerlich ist, da es um die Linderung der Leiden von Behinderten geht.

Die gegenwärtige Praxis in der Musiktherapie, in der musikalisch Nichtkompetente gegenüber musikalisch Kompetenten definieren, was Musik sei und was nicht, darf daher als „definitorischer Dogmatismus" bezeichnet werden. Dass solcherart betriebene Rechtfertigung ihren Namen nicht verdient, sollte sich auch bei Entscheidungsträgern, die über die Vergabe öffentlicher Mittel zu urteilen haben, möglichst schnell herumsprechen.

Vision Nr. 4

„Denn ich bin nicht nur euer Lebensgeber, sondern auch euer
Auftragsgeber, dem nur die wenigsten gewachsen sind.
Wer mich erkennt, weiß, dass ich auch der Existenzauslöscher, aber
auch der Existenzgeber bin, im Geistigen wie im Physischen.
Der Erfinder des Karmas könnte ausgelöscht werden mitsamt seinen
karmischen Erfindungen, wenn er mich bemüht, über Seelen-
zustände von Unwürdigen, Erbrechen Hervorrufenden nachzudenken.
Ein einziger Seelensoldat könnte das Weltall vernichten.
Wenn er mich darum bäte."

Diesen problematischen Therapieansätzen und ihren ungeprüften therapeutischen Wirkungen stehen unsere Erfolge gegenüber: die Schwerstbehinderten des NO PROBLEM ORCHESTRA.

Sobald nämlich Schwerstbehinderte aus den diversen „Versuchskaninchen-Labors" herauskommen und als Menschen mit ihren Deformationen anerkannt werden, ist ihre Motivation überwältigend. Wenn ihnen ehrlich Kommunikation angeboten wird, tun sie mit Energie und Elan alles ihnen Mögliche dazu, um zur Verständigung beizutragen. Im NPO wird ihnen klar, dass sie mit Instrumenten spielen können, die ihren Fähigkeiten und ihrem Verlangen entgegenkommen.

Sie wollen nicht, dass die Therapeutin „Hoch auf dem gelben Wagen" singt, mit dem Tamburin den falschen Takt dazu schlägt und sie den falschen Takt auf ihren Natur-Perkussionsinstrumenten nachschlagen müssen. Und sie wollen nicht auch noch dafür gemaßregelt werden, dass sie den falschen Takt nicht mitspielen, sondern versuchen, den richtigen zu treffen.

Sie wollen ihre Instrumente beherrschen, echten Sound produzieren, der groovt, in der Gruppe Musikstücke üben, proben und öffentlich aufführen.

Wenn Behinderte ihre Leistungen präsentieren und das Publikum begeistert applaudiert, dann kann jedermann sehen, *was* erfolgreiche Musiktherapie darstellt. Die Behinderten wissen, dass sie etwas produzieren, was nicht jeder Nichtbehinderte gleichsam „selbstverständlich" auch kann. Sie sind an ihren Instrumenten professionell, sie produzieren echte Rock- oder Rock-Jazz-Musik. Das NPO spielt weltweit bekannte und anerkannte Stücke in einer unverwechselbaren Interpretation, die Musiker kommunizieren mit dem Publikum, sie konzentrieren sich, sie freuen sich, ihre Behinderung wird buchstäblich „weggespielt"!

Innerhalb weniger Jahre entwickeln sich die beteiligten Musiker außerordentlich: Selbstwertgefühl, kognitive Koordination, Motivation und Konsequenz des Engagements intensivieren sich. Die Kommunikation zwischen Therapeut und Behinderten ist als normal zu bezeichnen, also frei von so genannten Kommunikationsdeformationen.

Bild 30: Behinderte Künstler und die hohe Politik: Bundeskanzler Dr. Schüssel mischt sich als gelernter Harmonikaspieler unter das Orchester.

Die Deformationen treten dafür bei einer gewissen Gruppe von „Normalen“ auf: die, die es gewöhnt waren, den Behinderten Befehle zu erteilen, sie übermäßig zu bevormunden. Diese Herrschaften murren jetzt, weil sich die selbstbewussten Behinderten nicht mehr alles gefallen lassen, weil sie protestieren und sich solidarisieren. Behindertenemanzipation ist bei autoritär geführten Institutionen nicht erwünscht.

Letztlich entscheidet der Eindruck, den der Behinderte nach der Therapie vermittelt. Ein Therapiekonzept kann noch so logisch, so konsistent, so rhetorisch abgesichert sein, wenn die Behinderten nach der Therapie genauso deprimiert und apathisch sind wie vorher, dann taugt diese Therapie einfach nichts.

Der therapeutische Wert der NO PROBLEM MUSIC-Therapie liegt in einer echten Integration Schwerbehinderter in die gesellschaftliche Öffentlichkeit, und zwar durch ihre Auftritte im Orchester.

Die drei Arbeitsphasen:

a) Vertrautmachen mit dem Instrument

b) Proben in der Gruppe und
c) Öffentlicher Auftritt
bilden eine wesentliche Grundlage für die Kommunikation mit der Gesellschaft, deren lebendiger Teil die Behinderten letztlich sind.

Indem die Behinderten als würdige – und auch leistungsfähige – Teile der Gesellschaft anerkannt und geachtet werden, ermöglicht man ihnen, ihre Behinderung zu akzeptieren und als Bestandteil ihres Lebens mit ihr umzugehen. Dies ist die Voraussetzung für eine kontinuierliche Steigerung des Selbstwertgefühls.

Bei den Proben treten die üblichen gruppendynamischen Prozesse ein, die sich von denen der Profi-Musiker nicht unterscheiden. Alle unter normalen Musikern üblichen Interaktionsformen stellen sich auch bei Behinderten-Bands ein und tragen wesentlich zur Effektivität des Musizierens und der Therapie bei: Nur bei höchster Konzentration (und guter Groove!) entstehen Nummern, die bühnenreif sind.

Ganz anders die Situation bei öffentlichen Auftritten. Hier unterscheiden sich Profi-Bands von Behindertengruppen gar nicht selten dadurch, dass die Behinderten *weniger* Probleme mit der Situation haben! Deshalb nannte ich unser Projekt „NO PROBLEM ORCHESTRA". Profi-Musiker stehen vor Live-Konzerten oft unter enormem Stress, was zu Spannungen in der Gruppe, oft auch zu Alkohol- oder Drogenproblemen führen kann. Die Behinderten gehen mit der Live-Situation erstaunlich entspannt und unbekümmert um.

Das Auftreten in der Öffentlichkeit ist dabei von großem therapeutischem Wert. Die Konzerte haben *keinen Benefiz- oder Mitleidscharakter*, wie leider so oft der Fall, wo immer Behinderte (oder ihre Werke) in der Öffentlichkeit aufscheinen. Stattdessen bietet das NPO eine künstlerische Leistung an, die vom Publikum durchaus kritisch anerkannt und gewürdigt wird. Das Prinzip heißt: Leistung – Gegenleistung. Und nicht Zur-Schau-Stellen – Mitleid. Das in den Schwerstbehinderten-Therapien leider übliche Abkapseln, das „Im-stillen-Kämmerlein-Werkeln" ist einer echten Integration abträglich, *weil die für Integration wichtigste Voraussetzung fehlt: die Kommunikation.*

Bild 31: Apropos Selbstbewusstsein: Fabio, 9 Jahre alt, gibt sein erstes TV-Interview.

Je mehr Behinderte mit Nichtbehinderten kommunizieren, desto eher sind Nicht-Behinderte in der Lage, Vorurteile, Fehlinformationen und Hemmungen abzubauen. Durch Konzerte kommt ein Kommunikationsprozess in Gang, bei dem Behinderte sich nicht als Menschen zweiter Klasse fühlen, was von unschätzbarem therapeutischem Nutzen ist.

Die Behinderten stehen selbstbewusst zu ihren Leistungen als Musiker eines professionell arbeitenden Ensembles und gewinnen dafür Anerkennung bei einem unvoreingenommenen Publikum.

Dieselbe Leistung wäre in einer abgekapselten, künstlichen Behinderten-Welt unvorstellbar und die Lage der Behinderten – ohne Chance auf Kommunikation zwischen ihnen und „der Welt da draußen" – hoffnungslos.

Oft gibt es einen – meist unbewussten – Druck von Seiten der Gesellschaft, die Behinderten „aus den Augen und aus dem Sinn" zu schaffen. In seltenen Fällen musste ich erleben, wie diese instinktiv abwehrende Gefühlsregung in Worte gefasst wurde: Während eines öffentlichen Auftrittes des NPO auf dem Hauptplatz einer Landeshauptstadt hörte ich vor Jahren von Passanten solche Dinge wie „Unverschämtheit" oder „Vergast g'hörn s' alle …". Dies sind natürlich nur extreme Ausformungen ein paar dummer Ewiggestriger, auf die ich nicht näher eingehen muss.

Aber die instinktive Abwehr steckt in uns allen drin. Schnell fühlt man sich zur Betroffenheit genötigt, wird aufgewühlt und reagiert „belästigt". In diesem Zusammenhang verwende ich den Begriff der „gefühlsbehinderten Öffentlichkeit". Diese Haltung ist vielleicht verständlich, aber ganz bestimmt nicht notwendig, denn sie ist kontraproduktiv und vor allem: abbaubar.

Leider wird der unbewusste Druck, die Behinderten von der Welt abzuschotten, aus einer Haltung der „dienstleistenden Pflichterfüllung" der Gesellschaft gegenüber von den Behinderteninstitutionen übernommen und verinnerlicht. Das gilt für die Betreuer und Verwalter ebenso wie für Therapeuten. Ich möchte Mut dazu machen, diese Mauern so oft wie möglich niederzureißen.

Bild 32: Konzert in Rom, Dez. 2000, Auf Wunsch von Papst Johannes Paul II., NPO *und großes Orchester* RAI/UNO*; Aula Paolo VI.*

Meine langjährige Erfahrung zeigt nämlich, dass die Behinderten in der Isolation depressiv, desorientiert und resignativ werden. Besonders schlimm wird es, wenn sie dann als Schauobjekte vor Fachpublikum präsentiert werden, weil ihnen damit jede Würde, jede Chance auf gleichwertige Akzeptanz genommen wird. Man möge bitte nicht glauben, sie seien ohnehin nicht in der Lage, ihre Würdelosigkeit zu durchschauen. Sie fühlen den Umstand genau und zeigen ihn in ihrem Verhalten. Therapien, die mit Abschottungsstrategien arbeiten, berauben sich selbst einer großen Möglichkeit, den Behinderten zu helfen.

Die Geschichte des NPO zeigt, dass man der „normalen" Öffentlichkeit die Chance geben muss, mit Behinderten in Kontakt zu treten. Dadurch erkennen sie ihre eigene Gefühlsbehinderung und ihre Vorurteile, lernen sie zu überwinden und mit den Behinderten in offene Kommunikation zu treten. Das geht sogar sehr schnell und ist für alle Seiten erfreulich.

Zufluchtsort Gefängnis

In Linz wurde ich kurzzeitig im dortigen Gefängnis abgestellt. Der Anblick der Zellen war genauso trostlos wie der der herumhuschenden Insassen, die Beamten eingeschlossen. Nur eine gußeiserne Klomuschel hat mich fasziniert, deren Form und eingegossene Jahreszahl: 1912. Und da fiel mir der Kronen-Zeitung-Staberl ein samt passender Titelzeile: Strafvollzug im Jugendstil!

Tja, und dann kam ich in das gerichtsmedizinische Institut, genoß die entsetzten Blicke einiger Leute dort, als sie meine Handschellen sahen, und fand mich anschließend durch ein paar Fragen des Psychodozenten, der manches sehr genau und anderes gar nicht wissen wollte, peinlich berührt: Schwachstellen!

Nett war das Elektroenzephalogramm hintennach. Meine beamteten Begleiter lachten sich schief über meinen Anblick, mit den Kontakten auf der Glatze, und ich genoß den Anblick der rotblond-kurvigen Assistentin. Schön wär's! Immerhin war sie verblüfft, als ich mich – in alten Jeans und Lederjacke – mit einem »Küss' die Hand« verabschiedete. Am gleichen Abend – eigentlich war es der Nachmittag – bin ich verblüfft über mich: als mir in der Einfahrt zum Kremser Gefängnis ein »Endlich daheim« herausrutscht. Jetzt bin ich wirklich Häftling.

Herbert Hegenbarth: „Durststrecke", Europa Vlg., Wien 1983, S. 124

7. Menschen und Meinungen

Das Orchester

Gerhard Engl

Steckbrief:

Gerhard ist schon seit 4 Jahren bei der Band. Lieblingstätigkeit ist Teppichknüpfen.

Seine schönsten Reisen führten ihn zum Hl. Vater nach Rom, wo er einen Rosenkranz geschenkt bekommen hat. Beeindruckend war für ihn ganz besonders die Vorstellung im Weißen Haus in Washington und vor dem damaligen Präsidenten Bill Clinton spielen zu dürfen.

Gerhard Engl würde in der Zukunft sehr gerne Obmann des NPO werden.

Er spielt Schlagzeug und Perkussion.

Bild 33

Gerhard Engl über das, was ihn derzeit bedrückt: „Meine Eltern sind schon vor vielen Jahren bei einem Verkehrsunfall umgekommen. Ich habe vier Brüder und eine Schwester. Ich bin der älteste von allen Brüdern, doch mein Bruder Michael ist mein Vormund. So ist das eben. Doch was immer mir echte Sorgen gemacht hat – wenn ich im Orchester mit den anderen spielen darf, ist mein ganzer Kummer verflogen. Ich bin sehr gerne dabei!“

Monika Fuhrberg

STECKBRIEF:

Bild 34

Monika ist 28 Jahre alt, hat eine für sie bewältigbare Schulbildung absolviert und ist mit 15 Jahren in das NO PROBLEM ORCHESTRA eingetreten.

„Dort bin ich somit jetzt schon 13 Jahre dabei und spiele im Orchester mit Freude eine Art Schlagzeug. Es ist mein Beruf, Musikerin zu sein. Montag und Donnerstag bringt mich meine Mutti nach Replach in den Unterricht. Ich bin auch gerne auf Reisen unterwegs. Im Wesentlichen nicht im Ausland, sondern in unseren Bundesländern.

Besonders schön war es in Alicante in Spanien, wo mich auch meine Mutti begleiten konnte. Wir spielten dort im Bereich der Universität. Wir waren dort sogar Gäste des Königs Juan Carlos von Spanien.

In Amerika habe ich auch Freundschaft geschlossen. Er ist ein Pensionist, ganz weißhaarig und sehr gütig. Der Name, den ich ihm gegeben habe, ist ‚Papa Cook'."

(Anm.: Monika zeigt dem Interviewer ein Foto mit Papa Cook.) „Er war das Oberhaupt meiner Gastfamilie, wo ich in den USA wohnte. Mittlerweile war ich schon zweimal drüben in den Staaten. Einmal kam Papa Cook auf unsere Einladung auch herüber zu uns nach Kärnten. Ich habe mich sehr gefreut. Das Leben im NO PROBLEM ORCHESTRA macht das alles möglich!"

Franz Hobel

Steckbrief:

Bild 35

Franz wurde am 12. Mai 1965 in Klagenfurt in eine Familie hineingeboren, die in der Landwirtschaft tätig ist. Franz hat drei weitere Geschwister, die nicht behindert sind. Da die Eltern beruflich sehr engagiert waren, hat Franz mehrere Ausbildungs- und Beschäftigungstherapien besucht, bevor er vor zwei Jahren zum NO PROBLEM ORCHESTRA gestoßen ist.

Franz meint zu seinem Leben und seiner Musik: „Am besten verstehe ich mich mit meinem Bruder Alois. Der ist Jäger und ich darf immer mit einem Fernglas mit ihm gehen. Schwierig ist dabei, ruhig zu sein, denn ich rede auch ganz gern.

Doch richtig Spaß macht es mir, wenn ich mit meiner Sologitarre auf einer Bühne auftreten kann, dann bin ich der ‚Größte'! Ich habe auch zu Hause viele Kassetten und CDs von unserer NPO-Musik. Doch am liebsten habe ich die Lieder vom ‚Ötzi', den ich im Vorjahr bei der Fernsehaufführung ‚Licht ins Dunkel' kennen gelernt habe. Es ist aber auch ein sehr fescher Kerl!

Mittlerweile habe ich zu Hause auch eine Ötzi-Statue, die sich mit Hilfe einer Batterie und beweglichen Gelenken auch zur Musik ganz echt bewegen kann. Richtig cool!, sag' ich Ihnen! Mein Bruder Alois, der mich auch sehr gut kennt, hat mir diese Statue geschenkt. Natürlich steht diese Statue auf einem Regal über meinem Bett.

Meine schönsten Reisen mit dem NPO habe ich nach Tirol und nach Hamburg gemacht. Dort in den Bergen und am Meer hat es mit am besten gefallen!"

Fabio Miessenböck

Steckbrief:

Bild 36

Fabio ist 10 Jahre, besuchte die Volksschule in Klagenfurt und spielt schon seit 3 Jahren auf dem Schlagzeug im NPO mit.

Fabio über sein junges Leben: „Meine Eltern kümmern sich sehr viel um mich. Ich bin am Vormittag in der Musiktherapie und am Nachmittag im BFZ (Behinderten-Förderungs-Zentrum, die Red.), wo wir sehr viel herumlaufen und Sport machen dürfen. Ich bin dort in einer gemischten Klasse und mache meine Aufgaben im Halbinternat.

Beim Orchester ist es eigentlich immer lustig, besonders freut es mich, im Rhythmus auf das Instrument zu schlagen. Da kann man sich gut abreagieren.

Weiters reise ich sehr gerne. Ganz super war die Papst-Reise! In Amerika, genauer in Florida, haben wir im Wasser die Krokodile mit ihrem großen, schrecklichen Maul beobachtet. Bei dieser Reise hat der Jürgen einmal furchtbar falsch gespielt. Er hat nicht aufgepasst und wir haben alle lachen müssen!“

Hans Grisebner

Steckbrief:

Bild 37

Hans ist gebürtiger Steirer, genauer gesagt aus St. Nikolei bei Vleiss. Hans hat schon zu Hause als Kind ein Instrument zu spielen begonnen. Heute ist er schon seit 10 Jahren beim NPO und spielt Schlagzeug.

Hans über all das, was ihn bewegt: „Heuer war für mich ein ganz schreckliches Jahr: im März starb meine Mutter, mein Vater ist schon lange tot. Somit ist das NPO ganz zu meinem Wichtigsten geworden, was ich habe. Viel Ablenkung bekomme ich beim Reisen: Besucht haben wir Prinz Albert von Monaco, super war die Hochzeit von Mike Douglas, auch der Papstbesuch war sehr beeindruckend. Überall gab's diese hohen Räume, fast zum Fürchten.

Gerne erinnere ich mich an einen Tag, als im Landhaus vor unserem Auftritt auf einmal ein Kollege nicht zum Spielen erschienen ist, da musste der Sepp Schörkmayr ganz einfach auf die Bühne und einspringen. Da hat er gesehen, wie ‚hart' das Leben sein kann!"

Vincenz Rauch

STECKBRIEF:

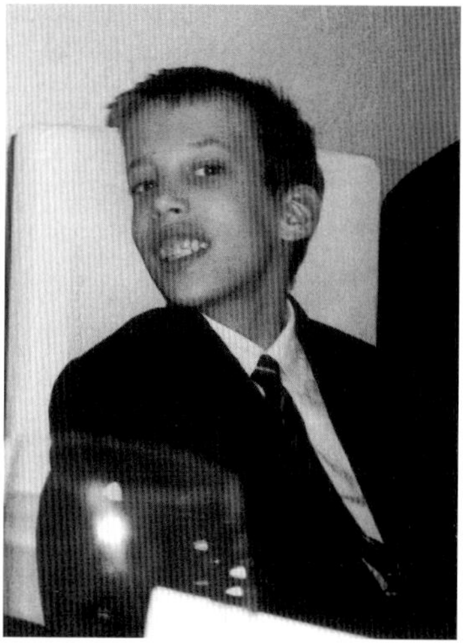

Bild 38

Vincenz ist 14 Jahre alt und kommt aus Wien, wobei das NPO im Haus seiner Großeltern in Klagenfurt seine Anfänge genommen hat. Vincenz geht zur Schule, und zwar zur Karl-Schubert-Schule in Wien-Mauer, doch sein Hauptinteresse gilt der Musik. So singt er die gesamte ‚Zauberflöte', macht jedem Dirigenten „Konkurrenz" und spielt seit September 2002 mit Begeisterung beim NPO. Außerdem hängt er mit großer Bewunderung an Sepp Schörkmayer und auch am Applaus des Publikums.

Die Therapeuten und Tontechniker

Bild 39: Musiktherapeutin Julia Schörkmayr mit dem Kuschelmonster „Prinz"

Karl Diemschnig, geb. 1968 in Klagenfurt, Elektrotechniker

Bild 40

„Zunächst meine Kurzvorstellung: Ich bin seit einem Jahr aktives Mitglied des NPO-Teams. Meine Aufgabe: Mit dem Einsatzbus (d. h. letztlich mit dem gesamten Equipment) muss ich im In- und Ausland zeitgerecht präsent sein und für den termingerechten technischen Aufbau Sorge tragen. Dazu gehört die Aufstellung der Instrumente, die komplette Verkabelung und schließlich die Tonmischung für die Soundoptimierung. Doch auch die Lichtanlage und die Klangregelung wollen betreut sein. Es gilt nichts zu vergessen. Hier hilft einem nur eine gute, praxisgerechte Checkliste!

Ich bin damals bei mehreren Konzerten mitgefahren und war von der Professionalität dieser schwerbehinderten Künstler, ihrem nicht selbstverständlichen Engagement und ihrem freudigen Mittun sehr beeindruckt und gleichzeitig fasziniert, was sich hinter den Kulissen an Zusammenarbeit und Goodwill abspielt.

Kurzum: Seppi Schörkmayr wurde mein Freund, für mich passt letztlich alles zusammen, ich ‚heuerte bei der Band an' und habe es bis zum heutigen Tag wahrlich nicht bereut."

Hans Christian Rossmann, 1970 in Klagenfurt geboren, beruflicher Allroundler

Bild 41

Ich bin ein – wie ich meine – zeitlebens Suchender, der alles wissen möchte und allem auf den Grund zu gehen versucht.

Meine Lebensphilosophie ist meine grenzüberschreitende Denkweise. Meine Angst: in eine lähmende Routine zu verfallen.

Wie ich zur Musiktherapie gekommen bin?

Mein jüngerer Bruder Christoph ist Autist und von unserer Mutter deshalb immer mit Nachsicht und Verwöhnung behandelt worden, während man mit uns drei restlichen Geschwistern eigentlich immer recht streng war.

Ich beobachtete das Leben meines Bruders als Behinderter genau und erkannte dabei, dass er sich recht gut selbst helfen konnte, wenn er nur wollte und nicht unter dem Rockzipfel der Mutter Schutz und Schirm suchte. Das hieß für mich: unter richtigen Rahmenbedingungen kann auch ein Schwerbehinderter sein Leben ganz gut gestalten.

Somit war mein Interesse geweckt, als ich – eher zufällig – ein Konzert des „No Problem Orchesters“ in Kärnten besuchte. Dieses sehr anregende Konzert bestärkte mich in der Denkrichtung, dass ich in der Einschätzung meines autistischen Bruders und seiner Leistungsmöglichkeit ganz richtig lag.

Die Sponsoren und ihre Beweggründe

Vertriebsdirektor Mario Hintermayer, VITA LIFE HandelsgmbH Austria/EU

Bild 42

vita-life® verfolgt seit der Gründung im Sommer 1995 die Philosophie, Menschen glücklich zu machen; einerseits Kunden und Geschäftspartner in den Bereichen Gesundheit, Freiheit und Unabhängigkeit; andererseits Menschen, die durch ihr Schicksal selbst nicht in der Lage sind, sich zu helfen. Seit über 2 Jahren besteht die vita-life® WHSF (World Health & Sports Foundation). Diese Stiftung unterstützt zahlreiche Institutionen wie Special Olympics, Nachbar in Not, Kids Care, Kinderhilfe Direkt, Henry-Maske-Stiftung, Licht ins Dunkel und viele weitere. Zusätzlich betreuen wir hunderte Einzelschicksale.

Das Engagement mit dem NO PROBLEM ORCHESTRA liegt uns besonders am Herzen. Das Betreuerteam hat in vielen Jahren harter Arbeit bewiesen, dass man auch aus geistig behinderten Menschen „Stars" machen kann. Ihre Arbeit ist eine sinnvolle Aufgabe und vor allem eine tägliche Herausforderung. Sie transportieren ihre Botschaft weit über die Grenzen und haben sehr große Freude dabei.

Unser Magnetfeld Resonanz Stimulationssystem hilft ihnen bei der täglichen Arbeit: Bessere Konzentration, weniger Spasmus, bessere Regeneration nach anstrengenden Reisen sind nur ein kleiner Bereich der daraus entstehenden Vorteile für Betreuer und Kinder. Unser finanzielles Engagement hilft den Aufwand der vielen Reisen zu finanzieren. Natürlich wissen wir, dass behinderte Menschen als Werbeträger nicht sehr gefragt sind, aber wenn man in die glücklichen Augen der Kinder sieht, hat sich alles relativiert.

Der Dank kommt in Form von positiver Schwingung: Wer sich in diesem Bereich nur etwas auskennt, weiß, dass alles im Leben retour kommt. Tue Gutes und sprich darüber, das ist unsere Devise. Natürlich muss man auch Geld verdienen, denn ohne die nötigen Mittel kann man schwer helfen. Wir versuchen eine Kombination daraus zu finden und zahlreiche Geschäftspartner und Kunden schließen sich dieser Philosophie an. Der vom NO PROBLEM ORCHESTRA produzierte vita-life®-Song findet großen Anklang und bildet auf allen Veranstaltungen einen Höhepunkt. Wir wünschen dem NPO alles Gute, noch viele Musikzentren, um weiteren Menschen diese Chance zu ermöglichen, und freuen uns jetzt schon auf eine weitere gute Zusammenarbeit.

„Life-Concert" für einen Sponsor

Bild 43: Georg Reichlin-Meldegg

Ort und Zeitpunkt der Handlung: das imposante Renaissance-Schloss Schallaburg, nahe bei Melk am Eingang zur Wachau in Niederösterreich, am Sonntag, dem 15. September 2002, eine Viertelstunde vor 15.00 Uhr.

„Schscht, bitte ruhig sein, es gibt bei uns gerade einen Soundcheck!", bremst etwas vorlaut ein junger „Stöpsel" meinen Schritt vor dem Eingang zum Konzert des NO PROBLEM ORCHESTRA. Der 10-jährige Fabio, ein sehr lebhafter Jung-Klagenfurter, der sich ein wenig später im Outfit des NO PROBLEM ORCHESTRA als Mitglied des weltbekannten Behinderten-Orchesters kenntlich macht, hatte natürlich völlig Recht: Ein Sound-

Bild 44: Das NPO spielt auf der Schallaburg

Bild 45: Wolfgang Knotz am Schlagzeug, im Hintergrund „Junior" Vincenz Rauch, Schallaburg, Sept. 2002

check vor einem Konzert ist eine verdammt harte Sache; zwei Tontechniker flitzen herum und achten dabei penibel darauf, nicht mit den Schuhen im Gewirr von Kabelsträngen hängen zu bleiben. Tonregler werden achtsam und mit voller Konzentration hoch- und heruntergefahren: Der Bandleader, Keyboard-„Wunderkind“ und Schlagzeuger der Band, Wolfgang Knotz spricht mit ausdrucksvoller Schnarrstimme einige Sätze ins Mikro, um die Verständlichkeit zu prüfen. Einige Künstler machen ebenso Klangproben.

Im Epizentrum eines Tornados herrscht bekanntlich absolute Windstille: Der Prinzipal und Musiktherapiedirektor Joseph B. Schörkmayr überblickt dieses scheinbare Chaos mit absoluter Gelassenheit. Mit professioneller Routine gibt er den Technikern kurze Anordnungen. „Ob wir vor der Queen, dem Heiligen Vater, Michael Douglas oder hier im kleinen Konferenzsaal auf der Schallaburg spielen, überall ist bei uns die gleiche Präzision und der gleiche Aufwand angesagt“, meint Dr. Schörkmayr bei der persönlichen Begrüßung mit einem Schmunzeln.

Der 36-jährige Franz Hobel probt noch kurz auf dem Dynacord Rhythmusstick. Schörkmayr: „Das Ganze sieht aus wie eine E-Gitarre – ist jedoch ein Schlagzeug. Ursprünglich wurde es für so genannte Frontmen in Rockbands konzipiert, bloß hat es in dieser Form noch keiner – außer Phil Collins – zusammengebracht.“

Es war jedoch noch ein wenig Zeit bis zum Beginn und ich vertrat mir mit meiner Gattin auf der prachtvollen Arkadengalerie dieses acht Jahrhunderte alten, einzigartigen Renaissanceschlosses die Beine.

In dieser historischen Stätte ersten Ranges soll ein modernes Rock- und Jazzkonzert über die Bühne gehen? Wo wäre da eine Brücke, eine Überleitung zu finden? Ist das nicht ein etwas schräger Gedankenblitz des Veranstalters? Mitnichten: Der handliche Schlossführer stellte für mich sogleich die Verbindung zwischen alter Hofdarbietungen und High-Tech-Kunst dar: „In der Arkadengalerie des großen Schlosshofes wurde dem beeindruckten Gast in einer Art ‚steinernem Katalog‘ die sittlichen und geistigen Ideale des 16. Jahrhunderts vorgestellt: Hermen und Karyatiden symbolisieren die sieben Tugenden – Geduld, Weisheit, Milde, Gerechtigkeit, Treue, Hoffnung, Tapferkeit.“ Somit waren alle Eigenschaften in

Bild 46: „Knirps“ Fabio am Mikro als Leadstimme ist auf der Schallaburg sehr gut „drauf“!

diesem Schlossführer angesprochen, die Therapieleiter Schörkmayr mit seinem Team im täglichen Übungsbetrieb und bei den zahlreichen, oft auch beschwerlichen Reisen aufbringen muss, um zu einem Erfolg in der Öffentlichkeit zu kommen und Harmonie nach innen, in das Team von Betreuern und Betreuten, zu tragen.

Ich las weiter: Auch die sieben freien Künste, darunter die „Musica“, waren in den Terrakotten symbolisiert. Jetzt war auch für mich der Bezug hergestellt, ich blickte kurz auf die Uhr und betrat mit zahlreichen Zuhörern den Konferenzsaal.

Nach einer kurzen Begrüßung und Vorstellung des Prinzipals sagte Multitalent und Bandmitglied Wolfgang Knotz bereits schwungvoll und voller Energie die erste Nummer an: „Kleine Nachtmusik“, ein klassischer Einstieg also. Die rhythmisch hervorragend gespielte Nummer machte dem Wolferl Mozart alle Ehre und hätte das junge Genie des 18. Jahrhunderts „... sicherlich sehr gefreut“ und er hätte es auch „sehr schön“ gefunden.

„Der Anton aus Tirol“ war schon etwas bodenständigere Musik, mit der gleichen Musikalität und Tonqualität „rübergebracht“.

Das etwas verspielt und neckisch klingende „Montreux“ von den Autoren Stern/Schörkmayr war ein Hinweis auf die internationalen Erfolge der Band.

Die zumeist jungen Künstler spielten mit Konzentration, sichtbarer Freude und Hingabe. Der „Sound“ der Gruppe war harmonisch, niemand spielte sich mit „Starallüren“ in den Vordergrund oder wollte irgendwie aus dem Gesamtbild des Teams herausfallen.

Mit großer Disziplin und berührendem Einsatz war man bei der Sache. Hier waren keine gedrillten Individuen oder Bärenkinder im Einsatz, sondern die lockere Körpersprache machte es dem Auditorium klar: Hier spielen freie, begabte jungen Menschen, die trotz schwerster Behinderung einen Lebenssinn und in der Gruppe auch ein Lebensziel gefunden hatten. Diese jungen Menschen standen durch ihre hart erarbeitete Leistung nicht mehr am Rande der Gesellschaft, hier hatte augenscheinlich nach langwieriger Aufbauarbeit eine Integration stattgefunden: Das war mit freiem Auge erkennbar und bedurfte keiner glatten Politikerworte mehr.

Diese Gedanken gingen mir durch den Kopf, als ich den Künstlern gebannt zuhörte.

Doch auch ich selbst konnte mir im Stillen einen kleinen Erfolg zuschreiben: Als ich im Jahr 1990 zum ersten Mal meinem damaligen Vorstand eines international tätigen Mineralölkonzerns im Rahmen eines „Social Sponsoring“ das damals noch völlig unbekannte NO PROBLEM ORCHESTRA präsentierte, hätte ich fast selbst ein „Problem“ bekommen: Der Generaldirektor und die Vorstände waren sehr skeptisch, ob es statthaft und moralisch vertretbar sei, als Konzern das Firmenlogo hinter „geistig Behinderte“ zu platzieren und so gleichsam die „Mitleidsgefühle“ und andere Emotionen der Zuhörer unterschwellig mit einer „Firmenwerbung“ zu verknüpfen.

Doch ich konnte die damals noch sehr aktuellen Bedenken mit dem Argument zerstreuen, dass ein international agierender Konzern, damals durchaus oft noch als „böser Multi“ bezeichnet, ein Zeichen der Zivilcourage, der Solidarität, der sozialen Verantwortung und letztlich der Humanität setzen sollte. Traf nicht das Gefühl des politisch Ausgegrenztseins nicht auch den Konzern selbst bei ideologisch beeinflussten Gruppierungen der Bevölkerung?

Kurzum: Ich bekam grünes Licht für eine jährliche Sponsorensumme von damals durchschnittlich ATS 60.000,– (ca. € 4360,–), mal höher, mal niedriger, für einen Zeitrahmen von 10 Jahren.

Dieses Social Sponsoring der Mobil Oil Austria betraf wahrlich keine „Eintagsfliege“ oder ein kurzfristiges Testprogramm in der Kärntner Musiktherapieszene: Joseph B. Schörkmayr arbeitete zu Beginn der 90er Jahre fast schon 10 Jahre als Jazz- und Rockmusiker mit diesen schwerbehinderten Menschen. Dabei musste er feststellen, dass es für geistig und körperlich behinderte Menschen sehr schwer bzw. fast unmöglich ist, mit den gängigen Methoden (mit Noten- oder Farbsystemen) auf Tasteninstrumenten zu spielen. Der „Transportweg“ – vom Notenblatt bis zum Keyboard – ist bei den herkömmlichen Systemen einfach zu lang. Selbst bei so genannten Farbsystemen ist ein doppelter bis dreifacher Transportweg erforderlich. Nach den Erfahrungen und Beobachtungen von Joseph Schörkmayr müssten für geistig Behinderte und Anfänger die Tasten eine optische Anzeige aufweisen, um ein leichteres Erlernen und flüssiges Spielen von Melodien zu gewährleisten.

Der Musiktherapeut Schörkmayr erklärte mir damals seine Erfindung: Zuerst klebten er und sein Team die Ziffern auf die Tasten eines normalen Keyboards. Diese Ziffern ergaben dann, in der richtigen Reihenfolge gespielt, bereits die Tonfolge der Melodie. Dabei – so erfuhr ich – tauchte jedoch ein Problem auf: Der Spieler konnte erst dann eine neue Melodie erlernen, wenn er ein Lied auswendig spielen konnte. Schörkmayr begann daher mit der Entwicklung eines Keyboards, das die Tonfolge der Melodie durch Leuchtziffern auf durchsichtige Tasten anzeigt. Die richtig angeschlagene Ziffer erlischt wieder und irritiert den Musiker dadurch nicht. Damit können Anfänger binnen kurzer Zeit – ohne langwieriges Notenlernen – Melodien und Musiksequenzen spielen.

Mit seiner einfachen Bedienung ist dieses Musikinstrument natürlich ideal für die Musiktherapie geeignet: Jedes einzelne Musikstück kann auf der Tastatur in „Seiten“ unterteilt werden. Die optische Anzeige kann so programmiert werden, dass zum Beispiel nach Ziffer 5 wieder mit der Ziffer 1 begonnen wird.

Damit wird der Zählvorgang verkürzt und die Arbeit mit dem Gerät weiter vereinfacht. Die Seiten können aber auch rhythmisch-dynamisch unterteilt werden, etwa in Strophe und Refrain, was das Erlernen eines Liedes natürlich noch leichter macht. Damit können nicht nur Behinderte, sondern auch völlig ungeübte Menschen nach einer kurzen Vorbereitungsphase ein Musikstück oder eine Melodie richtig spielen.

Die Programmierung der Stücke kann manuell und mit Hilfe eines PC erfolgen.

Somit spannte sich die musikalische Bandbreite des NO PROBLEM ORCHESTRA schon sehr früh in der Entwicklungsphase, salopp gesagt, von „Frank Sinatra bis Frank Zappa".

Die wunderbar kontrastreiche Musik des NO PROBLEM ORCHESTRA übertönte bald auch die schrillen Misstöne der Neider und Intriganten, die nun wohl der Vergangenheit angehören.

So konnte ich mich auch an jenem 15. September 2002 auf der Schallaburg zurücklehnen und der witzigen Schlussnummer des „Obladi-Oblada" aus dem Notenheft der jetzt schon unsterblichen Beatles John Lennon und Paul McCartney lauschen. Allein schon der Titel umschreibt die Ambivalenz unseres Lebens.

Georg Reichlin-Meldegg
(bis 1997 Sprecher und PR-Verantwortlicher der Mobil Oil Austria AG)

Vision Nr. 5

„Es gibt Soldatenseelchen, die für immer und alle Zeiten
bei mir bleiben und ich ihre Gegenwart liebe, weil sie jung und lustig sind,
auch wenn sie Millionen von Zeitaltern hinter sich haben.
Denn ich persönlich bin die Zeit, die aber nicht existiert.
Weil sie Raum braucht.
Nur zum Zeichen meiner Liebe schicke ich euch den Begriff der Zeit,
der geistlos und schwachsinnig ist, aber anders würdet ihr nicht einmal eure
Existenz erkennen.
Eine Soldatenseele liebt sogar die Vorstellung der Nichtzeit,
weil sie weiß, dass ich sie dann umarmen werde, und die Nichtzeit der
einzige wahre Augenblick ist, vereint mit mir.
Und ich diese Soldatenseele dann nicht mehr loslassen werde.
Und das ist das Paradies.“

Vision Nr. 6

„Und dieser Augenblick, der für mich immer ist, macht auch mich glücklich
und ich erlaube mir nur deshalb meine Existenz.
Meine Nichtanwesenheit erkennt ihr daran, wenn der Raum der Zeit
anwesend ist."

Univ.-Prof. DDr. Georg Hörmann: Das Musiktherapiezentrum Kärnten

Musiktherapie ist eine seit alters her vielfach bewährte Errungenschaft von Musikern und dafür aufgeschlossenen Ärzten. Die in der Heilkunde nachweisliche Wirkung von Musik beruht maßgeblich auf dem fundierten musikalischen Können des ausgebildeten Musikers, der den ungeheuren Reichtum musikalischer Substanzen und ihrer Konfigurationen sachgerecht, situationsbezogen und adressatenorientiert einzusetzen versteht.

Unter Berufung auf die jedermann erfahrbare Wirkung von Musik und ihren hohen Kulturwert erfuhr im Zuge des Psychobooms mit seinem Hang nach alternativen Therapien auch die Musiktherapie verstärkte Aufmerksamkeit. Jedoch wurde sie weniger von professionellen Musikern als vielmehr hauptsächlich von Psychologen und Pädagogen vereinnahmt. Musik wurde einseitig als Kommunikationsmedium definiert und, im Wesentlichen auf die Produktion von Geräuschen reduziert, als sozialpädagogischer Studiengang etabliert, dessen Dozenten zum größten Teil keine Musikhochschule absolviert haben. Der Mangel an musikalischer Qualifikation wird absurderweise als Vorteil kaschiert, ganz in der Tradition, die Brockhoff in ihrem Beitrag „Musik und Medizin in Geschichte und Gegenwart" (in: Hörmann, K. [Hg.], Musik- und Kunsttherapie, Regensburg 1986, S. 20) folgendermaßen charakterisiert: „Aus der oft noch zu hörenden Ansicht ‚ein bißchen Musikmachen kann sicher nichts schaden' spricht noch mittelalterliche Verachtung des Musikerstandes". Auch die von diesem Kreis gegründete „Deutsche Gesellschaft für Musiktherapie" und ihr Mitteilungsblatt „Musiktherapeutische Umschau" repräsentieren die für Musiktherapie, einem Fachberuf mit dem Wort Musik, sonderbare Ideologie: Vorsitzender dieser Gesellschaft ist ein Psychologe, der derzeit berufsbegleitend Musiktherapie studiert; Herausgeber des Mitteilungsblattes ist ein Schulfunkredakteur ohne wissenschaftliche oder musiktherapeutische Ausbildung – ein gravierender Mangel, der sich im unkritischen Abdruck dubioser Kampagnen und offensichtlichen Unsinns niederschlägt.

Von dieser Richtung, die sich als Repräsentanz der Musiktherapie in Deutschland ausgibt, hebt sich das Musiktherapiezentrum Kärnten wohltuend ab. Im Sinne einer anspruchsvollen Musiktherapie, die von heutigen Hör- und Musizierweisen ausgeht, die Patienten aktiviert, sie ernst nimmt, musikalisch ausbildet und zu Erfolgserlebnissen innerhalb und außerhalb ihrer Gruppe führt, greift der Kärntner Ansatz die Erfahrungen der diätetischen Medizin auf, die erst durch die in der zweiten Hälfte des 19. Jahrhunderts aufgekommenen naturwissenschaftlichen Konzepte heutiger Schulmedizin verdrängt worden sind (siehe: Rudolf Schumacher: Die Musik in der Psychiatrie des 19. Jahrhunderts. Marburger Schriften zur Medizingeschichte, Band 4, Peter Lang, Frankfurt/Bern 1982).

Der Lehrgang für Musiktherapie in Wien hat zwar erheblich mehr musikalische Substanz, ist aber einseitig auf die Klavierfertigkeiten seines bisherigen Leiters ausgerichtet, denen gegenüber ein Patient stets hoffnungslos unterlegen ist und dementsprechend kaum je das notwendige Selbstwertgefühl aufbauen kann. Mögen die Heidelberger und Wiener Ansätze in Einzelfällen angebracht sein, so verkennen sie doch das weite Spektrum an musikalischen und psychischen Erlebniswelten mit ihren mannigfaltigen therapeutischen Perspektiven. Die Monopolisierung und Standardisierung eines Teils dieses musiktherapeutischen Spektrums zementiert musikalischen Dilettantismus und Unwissenschaftlichkeit; die Intoleranz und Ausgrenzung einer nachgewiesenermaßen therapeutisch wirksamen Einrichtung, wie sie das Kärntner Musiktherapiezentrum darstellt, entlarvt sich als Minderwertigkeitskomplex, Neid und oft auch irrationaler Hass, der sich bis zu ungeheuerlichen Formulierungen wie „psychische Euthanasie", den der Bremer Prof. Dr. Feuser erhebt (vgl. Musiktherapeutische Umschau 12, 1991, S. 336), erinnert in fataler Weise an ein aus der jüngsten Zeit stammendes vergleichbares Vorgehen aus der Bundesrepublik Deutschland. Nicht weniger bleibt zu fragen, was einen Professor außer patrimonialer „Fürsorglichkeit" und wohlvertrauter Bevormundung, welche behinderten Menschen verordnet werden soll, veranlassen mag, mit solchen diskriminierenden Äußerungen einigen Musiktherapiefunktionären Schützenhilfe zu leisten bei der Abqualifizierung missliebiger Strömungen oder selbst nicht vorzuweisender Erfolge.

Dem Musiktherapiezentrum in Kärnten und seiner Zweigstelle mit seinen professionellen Musikern und ausgewiesenen Wissenschaftlern, das die segensreiche und weitgehend vergessene Tradition der Musiktherapie früherer Zeiten mit zeitgemäßen Musiziertechniken aufgreift und dessen bewundernswerte musiktherapeutische Erfolge weit über die Landesgrenzen Österreichs bekannt sind, ist umso nachdrücklicher die seinem Engagement und Erfolg entsprechende Anerkennung sehr zu wünschen.

Univ.-Prof. Dr. med. Dr. phil. Georg Hörmann, Dipl.-Psych., M. A. (Musikwissenschaft), Arzt für Psychotherapie, Vorsitzender des Berufsverbandes für Kunst-, Musik- und Tanztherapie gem. e. V. / First European Association of Arts Therapies (BKMT/FEAT)

Prim. Dr. Rosemarie Fischer/Prim. Med.-Rat. Dr. Alois Nievoll

„Das NO PROBLEM ORCHESTRA besteht zur Zeit bei Live-Auftritten aus zwölf ständig mitwirkenden Behinderten und hat seit seinem Bestehen ca. 3000 öffentliche Konzerte absolviert.

Bei den behinderten Musikern handelt es sich um geistig und mehrfach Behinderte, deren Intelligenzquotient einer Imbezilität (Anm.: Grenzdebilen) entspricht.

Im ersten Buch über die NO PROBLEM MUSIC-Therapie wurde bereits festgestellt, dass Musik imstande ist, das vegetative Nervensystem und die Emotionalität nachweislich zu beeinflussen. Die Erwartungen, die in die NO PROBLEM MUSIC-Therapie gestellt wurden, waren:

- Aktivierung des Sozialkontaktes
- Aktivierung der emotionalen Prozesse im Sinne eines Ausgleichs und einer Stabilisierung
- Regulierung von Fehlsteuerungen
- Aktivierung von Lernprozessen
- Hebung des Selbstwertgefühls durch das Erfolgserlebnis

Von den zwölf ständig im NO PROBLEM ORCHESTRA tätigen Musikern konnten neun einer abschließenden, ärztlichen Kontrolle unterzogen werden.

Bei einem der Probanden wurden stationäre Aufnahmen in einer neuropsychiatrischen Anstalt nicht mehr nötig. Die ehemaligen Einweisungen waren aufgrund seines Verhaltens, seiner zerebralen Krampfanfälle und seiner Aggressivität erfolgt.

Bei drei der Probanden konnten psychotrope Substanzen bald nach ihrer Eingliederung in das NPO *völlig abgesetzt werden!*

Bei *allen* steht die Hebung des Selbstwertgefühls aufgrund der Erfolgserlebnisse bei öffentlichen Auftritten im Vordergrund. Alle Behinderten gehen gerne von der Beschäftigungs- bzw. Arbeitstherapie zur Musiktherapie bzw. zu den öffentlichen Auftritten.

Alle behinderten Musiker genießen in ihren Beschäftigungstherapiegruppen bzw. Arbeitstherapiegruppen erhöhtes Ansehen. Lediglich bei einem Probanden machte die temporäre Rücküberstellung von der Musiktherapie in die Arbeitstherapie Probleme. Er fühlt sich mittlerweile als Berufsmusiker und geht selten in die Beschäftigungstherapiegruppen zurück.

Die meisten behinderten Musiker sind in differenten Werkgruppen beschäftigt.

Bei allen behinderten Musiker (Fallbeispiele) trat eine deutliche Besserung der sozialen Kontaktfähigkeit und eine Herabsetzung von Fehlsteuerung im Sinne einer besseren Angepasstheit ein.

Zusammengefasst kann gesagt werden, dass die NO PROBLEM MUSIC-Therapie einen wesentlichen Faktor im Sinne der Rehabilitation und Integration Behinderter darstellt."

Dr. Reinoud Homan

„Als vor knapp zwanzig Jahren der Musiktherapeut Joseph Schörkmayr erstmals die Freude erlebte, mit der behinderte Kinder musizierten, ahnte noch niemand, dass diese Idee schon bald darauf ein Welterfolg werden sollte.

Die zunächst kleine Gruppe der von ihm therapierten Kinder wuchs zu einem ganzen Orchester heran, Probleme, die dabei auftauchten, waren dazu da, um überwunden zu werden.

Und so war auch bald ein Name für dieses einzigartige Orchester gefunden:

NO PROBLEM ORCHESTRA

Dem großen Erfolg entsprechend, wollte Joseph Schörkmayr nun auch Kindern in anderen (Bundes)ländern die Möglichkeit geben, an seinem Projekt teilzunehmen.

Bei einem Besuch in Wien hatte ich dann die Möglichkeit, dieses Orchester kennen zu lernen und mich dafür zu begeistern.

Mit großer Freude habe ich gesehen, wie das gemeinsame Musizieren ein ganz neues Selbstwertgefühl verschafft.

Doch nicht nur die Ensemble-Mitglieder profitieren.

Auch die Familienangehörigen sehen ihre Kinder mit völlig neuen Augen: Aus Problemkindern werden gefeierte Stars – statt Mitleid ist es Bewunderung, wenn nicht gar Neid, die sie erregen, wenn sie vor internationaler Prominenz wie dem US-Präsidenten oder dem Papst auftreten dürfen. Und letztendlich ist es unsere Gesellschaft als Ganzes, die durch derartige Initiativen bereichert wird.

Allzu oft werden Behinderte immer noch als Randgruppen empfunden, immer noch stehen Berührungsängste einem vorurteilsfreien Umgang miteinander entgegen. Die Frage nach einem sinnerfüllten Leben ist gerade für Behinderte oft schwer zu beantworten.

Durch die Musik werden hier Grenzen überwunden und Barrieren abgebaut, Menschen, die anders sind als wir, zeigen, welch Potenzial in ihnen steckt.

Gerne unterstütze ich dieses wertvolle soziale Projekt, das genau meinem Anliegen als Arzt und als Mensch entspricht, behinderten Mitmenschen bei ihrer Integration in ein erfülltes Leben zu helfen.“

Univ.-Prof. Dr. Franz Kerschbaumer, Musikuniversität Graz

„Die beiden Aufnahmen von ‚Norwegian Wood' und ‚5 Minuten vor Zwölf' des NO PROBLEM ORCHESTRA sind gekennzeichnet durch eine erstaunlich konstante „time", d. h. eines gleich bleibenden Grundrhythmus, gespielt von den Instrumenten Base Drum, elektronische Toms, Hand Clap, manuell bedienter Perkussionscomputer, Rhythmstick, diversen elektrischen Perkussionsinstrumenten. Obwohl diese Instrumente z. T. zeitmäßig (vorschlagähnlich) um kurze Notenwerte verschoben sind, bleibt das Grundtempo insgesamt erhalten, woraus eine für dieses Orchester eigenartige *Groove* entsteht.

Beim Vergleich der beiden Aufnahmen fällt auf, dass in dem Stück ‚5 Minuten vor Zwölf', das drei Jahre zuvor aufgenommen wurde, die genannten zeitlichen Verschiebungen größer sind als bei ‚Norwegian Wood', das infolge des längeren Zusammenspiels des Ensembles hier bereits homogener klingt.

Dieses Stück wird mit einem ‚Free-Set'-ähnlichen Abschnitt beendet, wobei die Musiker ihrem Spieldrang vollkommen freien Lauf lassen können. Die Melodie ist in ihrer rhythmischen Gestaltung zeitlich (wie die Computergraphik zeigt) ebenso verschoben und variiert, ohne (!) dass jedoch der übergeordnete Gesamtzusammenhang verloren geht. (Vergleiche Jazzsänger und Jazz-Rock-Solisten.)"

Primarius Dr. Thomas Platz

„Das NO PROBLEM ORCHESTRA ist inzwischen weltbekannt geworden. Auch sehr schwer geistig und mehrfach behinderte Menschen sind mit Hilfe des NO PROBLEM Hightech-Keyboards und anderer elektronischer Schlaginstrumente in der Lage, Töne und Rhythmen zu erzeugen, die ein Klanggebilde ergeben, welches die Zuhörer mitreißt.

Ich habe als Leiter eines psychiatrischen Krankenhauses mehrfach erlebt, wie Schwerstbehinderte über die von ihnen in der NO PROBLEM MUSIC-Therapie produzierte Musik in die Herzen der Zuhörer und Zuschauer eindringen und ein Zusammengehörigkeitsgefühl erzeugen, das seinesgleichen sucht.

Oft, vor allem in den Anfängen, ist das NPO kritisiert worden. Auch ich war skeptisch aus den Erfahrungen der traditionellen Musiktherapie heraus.

Das persönliche Erleben, die Freude der Teilnehmer, das unmittelbare Erfolgserlebnis, die unmittelbare Verbindung von Behinderung und Rhythmus sind überzeugend.

Es gibt keine andere therapeutische Methode in der Behindertenarbeit, mit der eine Behinderung so rasch und in so großem Ausmaß positiv besetzt wird.

Der persönliche Gewinn für die Betroffenen und die positive Wirksamkeit in der Öffentlichkeit ist ein neues Paradigma in der Welt der Behinderung, eine Brücke zur Humanität, zur Wiedergewinnung der Würde des beeinträchtigten Menschen."

(Primarius Dr. Thomas Platz ist Vorstand des Zentrums für seelische Gesundheit in Klagenfurt und Sprecher des wissenschaftlichen Beirats des NO PROBLEM MUSIC-*Therapiezentrums)*

Professor Dr. Robert Krout

Rede anlässlich der Eröffnung des NPMT-*Zentrums in Klagenfurt (übersetzt und gekürzt)*

Ich überbringe Ihnen Glückwünsche aus den Vereinigten Staaten. Heute ist einer der wichtigsten Tage in der Geschichte der Musiktherapie, wie ich meine.

Dieses NO PROBLEM MUSIC-Therapiezentrum wird eines der besten der Welt sein; Klagenfurt und Österreich werden damit weltweit eine führende Rolle spielen.

Bis heute war es für behinderte Menschen beinahe unmöglich, auf übliche Weise Klaviertasten zu spielen. Joseph Schörkmayr hat dieses Problem gelöst, indem er eine ganz neue Keyboard-Tastatur erfunden hat. Das NO PROBLEM ORCHESTRA hat mit diesen Keyboards und seinen einzigartigen Schlaginstrumenten in der ganzen Welt Erfolge gefeiert. In den Vereinigten Staaten ist das NPO bekannt und berühmt, ebenso wie Klagenfurt und Österreich aufgrund der Unterstützung, die Herr Schörkmayr und den NO PROBLEM MUSIC-Therapiezentren entgegengebracht wird.

Musiktherapie ist die wissenschaftliche Anwendung von Musik, um das Leben jener Menschen zu verbessern, die geistig oder körperlich behindert sind und besondere Bedürfnisse haben. Musiktherapie ist äußerst wichtig, wenn es darum geht, Kindern und Erwachsenen zu helfen, ein unabhängiges und nützlicheres Leben zu leben. Die Musiker des NPO und der NPMT-Zentren erhalten Unterweisungen und Hilfestellungen, die ihnen helfen, ihren geistigen Horizont, ihre körperliche Entwicklung, ihre sozialen Fähigkeiten, ihre Selbstachtung, Einstellung, Stimmungen und Gefühle sowie den gesamten Gesundheitszustand und ihr Wohlbefinden zu verbessern.

Aufgrund seiner einzigartigen Methode kennt man Joseph Schörkmayr auf der ganzen Welt. Ich traf ihn letzten Frühling, als er ein exzellentes Workshop im Musiktherapiezentrum der New York University abhielt.

Das NO PROBLEM MUSIC-Therapiezentrum in Klagenfurt gehört zu den besten der Welt und wird sowohl von europäischen als auch von amerikanischen Musiktherapeuten als weltweit führend gelobt. Es ist mir wichtig festzuhalten, dass die Methode der NO PROBLEM MUSIC-Therapie das einzige Musiktherapieprogramm in Österreich ist, das von der Europäischen Gesellschaft für Musiktherapie offiziell anerkannt ist. Mit ihrer weiteren Unterstützung wird es in Österreich weiterhin innovative und behindertengerechte Zentren der Musiktherapie geben. Ihre behinderten Musiker haben Glück und ihre Musik wird weiterhin Zuhörer in der ganzen Welt berühren.

(Prof. Dr. Robert Krout ist Direktor der Musiktherapie-State University of New York, Vorsitzender der „National Association for Music Therapy")

Bild 47: „Multitalent" und Moderator Wolfgang Knotz auf der Schallaburg, Sept. 2002

Christina Rauch, Psychologin

Als Joseph Schörkmayr mich als Psychologin bat, einen Beitrag zum NO PROBLEM ORCHESTRA zu schreiben, stimmte ich spontan zu und machte mich gerne an die Aufgabe. Doch nachdem ich all das gelesen hatte, was er bereits geschrieben hat, blieb mir nichts anderes übrig, als meine Füllfeder hinzulegen und zu erkennen, dass dem nichts hinzuzufügen ist.

Was nun? Ich musste mir etwas einfallen lassen und stieß dabei auf zwei Märchen, an denen ich erkennen konnte, wie sehr es manchmal einen braucht, der die Dinge aus dem, wie sie sind, herausholt und sie verrückt, damit sie sein können.

I

„VON EINEM, DER ZUSCHLUG, UM AUSZIEHEN ZU KÖNNEN"

Es war einmal ein Bub, der sowohl im Kindergarten- als auch im Volksschulalter seine Lebensfreude, sein Vertrauen in die Welt und seine Fantasie neugierig, begeistert und vif entdecken und leben konnte. Auch geschäftstüchtig war er bereits im Alter von fünf Jahren, als er nämlich im Kindergarten, wo er täglich zur Freude und Begeisterung der betreuenden Klosterschwestern den anderen Kindern mit selbst gebastelten Kasperlpuppen spontan erfundene Geschichten vorspielte. Da dies zum täglichen Programm im Kindergarten zählte, begann er, pro Kind und Aufführung 50 Groschen für Eintrittskarten zu verlangen. Den wöchentlichen Verdienst von 11 Schilling setzte er dann mit seinen Freunden in Erdbeerschnitten und Cola um. Doch eines Tages beschlossen seine Eltern, sich zu trennen, und gründeten beide eine neue Familie. Sepp verlor seinen Platz. Sie schickten ihn in ein Heim, wo seine fantasievollen Ideen, seine Freiheitsliebe und Neugier nicht gefragt waren und wo er nach und nach den Glauben an die Menschen und die Möglichkeiten dieser Welt verlor.

Mit dreizehn Jahren wusste er, dass er all seine Kraft dazu gebrauchen müsse, um dieser Umgebung zu entkommen. Und so schlug er mit aller Verzweiflung und Wut auf einen der Erzieher ein, sodass ein Rausschmiss unumgänglich war. Er verließ dieses Haus mit einer einzigen Vision: der Hoffnungslosigkeit.

2

Die nächste Schule brachte den ersten Rettungsanker für Sepp in der Gestalt Ernst Jandls, der als sein Deutschlehrer sehr bald die schriftstellerische Begabung des Burschen begriff und diese förderte. Eines Tages stellte sich Jandl vor seine Schüler und meinte, er habe ein neues Gedicht geschrieben mit dem Titel „So". Er stand da und deklamierte „So". Dieses Gedicht empfand Sepp als eines der größten Geschenke, als einen Topf, aus welchem er in Zukunft schöpfen sollte, und er machte sich auf den Weg, um den passenden Inhalt für diesen Topf zu finden. Dieser wurde ihm von Jimmy Hendriks geschenkt, auch einem „wilden Kerl", mit dem sich Sepp gut identifizieren konnte. Der schenkte ihm die Musik, und Sepp setzte sich ans Schlagzeug, eilte mit 17 Jahren an die Universität, durcheilte diese in vier Jahren und verließ sie als summa cum laude promovierter Musiker. Nebenbei schrieb er selbstverständlich seine ersten Bücher.

Er spielte als Schlagzeuger mit James Last und vielen anderen, nahm eigene Platten auf und …, wenn er nicht …

Nein, noch kein Ende, Sepp begab sich in ein nächstes Märchen hinein, in das von

„EINEM, DER AUSZOG, UM DAS FÜRCHTEN ZU LEBEN".

Es war einmal ein erfolgreicher Musiker und Schriftsteller, der sein Leben abwechslungsreich und anerkannt hätte leben können, wenn er nicht in seinem Topf namens „So" drei Inhalte gehabt hätte, die nach Verteilung schrien.

Der erste war die Musik, den zweiten Inhalt verdankt er Karl Poppers Idee von der Zweiten Welt, der Welt der inneren Vorstellungen. Der dritte Inhalt war die Erkenntnis, nicht den Teufel, sondern nur Gott zu fürchten, denn der Teufel kann nur erschrecken und Angst machen. Gott aber sagt „So" und dann ist es „So". Das gilt für die Menschen und auch für den Teufel.

3

Wäre das „So" kein „So", sondern ein „Sooooo" gewesen, hätte Karl Popper ihn für die Erste Welt, der, die ist, fasziniert, und wäre es seinen Erziehern gelungen, ihn den Teufel fürchten zu lassen und nicht Ehrfurcht vor Gott zu empfinden, so wäre vielleicht alles anders gekommen.

Er aber beschloss, diese Ehrfurcht vor Gott „so" seinen inneren Bildern und Vorstellungen folgend zu leben, und gründete das NO PROBLEM ORCHESTRA.

Ein professionelles und international anerkanntes Orchester von behinderten Musikern, die nicht nur als Hintergrundbegleitung, sondern alleine auf der Bühne stehen und gute Musik spielen – das war wahrlich eine fantastische Vision, die in Karl Poppers Erster Welt nicht existiert.

Nach einem der ersten Versuche mit dem Orchester in der Stadt tauchte eine junge Fee namens Julia auf und ließ begeistert von ihm und seinen Musikern alles Eigene liegen und stehen, um von nun an diesen Mann als seine Frau und Mutter seiner Kinder und das Orchester, die Vision eben als gute Fee zu begleiten.

Nun hieß es: Sepp halte dich an die Zweite Welt. Verlasse das, was ist, und begründe das, was sein kann. Nimm vorhandene Instrumente und erfinde neue. Wende dich an alle vorhandenen Parteien und erfinde neue. Betritt die existenten Bühnen und baue neue. Denn nicht nur eine Partei, nicht nur eine Bühne, nicht nur ein Instrument kann deiner Idee dienen, sondern alle dir Vorstellbaren.

Und die Musik: Werde zum Musiker der Zweiten Welt, denn dort ist Musik Schwingung, Schwingung, die dich mit den behinderten Musikern verbindet, wo es keiner Worte bedarf und keiner Notenblätter, wo ihr euch über die Schwingung erreicht. Führe sie zur rhythmischen Geschlossenheit, verwandle dich in all das, was nötig ist, um die Musik zu sehen, und lass jedes Mitglied ein Bindeglied eines rhythmischen Gliedes werden.

4

Und dann arbeite mit den Musikern. Stellt euch auf die Bühne und sagt: „So." Seine Vision verlieh ihm Flügel. Das, was in der Zweiten Welt entstand, wechselte immer mehr in die Erste, auch wenn dort „der Teufel" immer wieder versuchte, mit allen ihm zur Verfügung stehenden Mitteln und Blendungen die Existenz dieser Musik in der Ersten Welt zu verhindern oder gar auszulöschen. Die Vision eroberte als Realität die Welt, tausende Konzerte und trotzte immer wieder den Gefahren, die ihr begegneten. Jeden Tag griff Sepp in seinen „So-Topf" und schenkte den Inhalt seinen Musikern und den Menschen, auch wenn ihm dabei der Topf und sein Inhalt oft zu schwer wurden. Aber da war der Applaus, Applaus eines begeisterten Publikums „all over the world", der der Musik des no problem orchestra galt.

Und wenn wir alle nicht gestorben sind, dann spielen sie und applaudieren wir noch lange. „So."

Der Rollstuhl ist für dich das Mittel zur Fortbewegung. Du weißt, daß es nur ein temporäres ist. Du weißt, daß du wieder einmal – in Begriff deiner Wünsche – über den Graben wirst spazieren können. Warum eigentlich über den Graben? Warum nicht über die Mariahilfer Straße? Warum nicht durch die Tuchlauben? Der Graben, scheint es, übt auf dich eine geheimnisvolle Anziehungskraft aus. Vielleicht deshalb, weil die Kärntner Straße nicht das ist, was sie einmal war. Vielleicht deshalb, weil auf dem Graben die Pestsäule steht und dir schon immer aufgefallen ist, daß sie den Triumph Gottes über die Welt symbolisiert. Auch über die Krankheit, wofür der Kaiser kniend dankte.

Wieder über den Graben gehen! Vorerst aber bist du noch an den Rollstuhl gefesselt. Gefesselt? Eigentlich nicht. Du kannst ja schon gehen. Aber für längere Strecken brauchst du noch diesen fahrbaren Untersatz.

Längere Strecken? Was gibt es im Spital an längeren Strecken? Der erträumte und erwünschte Spaziergang über den Graben muß durch ‚Ausfahrten' im 17. Stock des AKH ersetzt werden. Rundherum, immer rundherum, von deiner Frau geschoben. Den Rollstuhl alleine in Bewegung zu setzen bist du nicht fähig. Immer schon bist du in punkto Handfestigkeit ein Tölpel gewesen. Jetzt mit der Linken zu erreichen, daß sich der Rollstuhl fortbewegt, gelingt dir nicht. Du fährst im Kreis.

Deine Frau hilft dir. Du fährst zum Lift, der dich ins Erdgeschoß bringt, und dann zu der kleinen Ladenstraße. Sie gibt dir einen winzigen Eindruck von dem, was du hoffentlich wieder sehen wirst: Geschäfte, Auslagen. Du rollst an großen Bildern vorüber, die zeigen, daß man im Krankenhaus auch die Kunst nicht vergißt. Was die Gemälde zeigen, weißt du nicht, verstehst du nicht. Vielleicht hat dir der lange Spitalsaufenthalt Scheuklappen verpaßt. Aber andererseits: Kultur hat viele Facetten …"

Thomas Chorherr: „Was ich davon halte. Persönliches und Politisches. Erinnerungen und Ausblicke", Wien, Amalthea Verlag 1997, S. 210–211

Emil Bobi, Redakteur des Nachrichtenmagazins „profil"

Bild 48

„Es war vor einigen Jahren in Nashville, Tennessee, einer der ganz großen ‚Musik-Hauptstädte' Amerikas. Windböen trieben graue Regenschleier durch die Gassen aus roten Ziegelhäusern und im legendären ‚Hard Rock Café' der Stadt prasselte das Feuer im Kamin. Gläser mit Jack Daniels rutschten über die Theke, um punktgenau vor dem Gast zum Stehen zu kommen. Megagroße, ultraleichte Zigarren, die am Mundstück nach Erdbeer schmeckten, verbreiteten unechten Zigarrenduft.

An der Wand hingen Gitarren, die ehemalige Gäste – mit Signatur versehen – dagelassen hatten: Ein Zug ließ sich mit Richie Heavens entziffern, ein anderer trug den unleserlichen, aber bekannten Zug eines gewissen Jimi Hendrix, auf einer weiteren stand Arlo Guthrie und so weiter.

Draußen vor der Stadt fand ein großer Kongress von rund 1000 US-amerikanischen und kanadischen Musiktherapeuten statt. Einziger Beitrag aus Europa war das als „Special Guest" geladene NO PROBLEM ORCHESTRA.

Die schwerstbehinderten Musiker aus Kärnten und der Steiermark gaben Vollgas. Sie zuckten spastisch, rollten mit mongoloiden Augen und forderten das Publikum mit verwaschener Sprache auf, mitzusingen.

Im Publikum saßen neben Hunderten Musiktherapeuten auch Leute wie Kenny Rogers. Und alle staunten, zogen sich No-Problem-T-Shirts über und applaudierten minutenlang nach jeder Nummer.

Joseph Schörkmayr, den ich seit jener ‚vortherapeutischen' Zeit kenne, wo er selbst „nur" Musiker war, macht mit den ihm anvertrauten Behinderten eigentlich keine Therapie. Er macht mit ihnen eigentlich „nur"

Musik. Und ermöglicht damit etwas, wovon viele oder alle Menschen träumen: Anerkennung, Zuspruch, das Gefühl, jemand und etwas zu sein: zum Beispiel ein Star.

Er macht nur Musik. Und gibt seinen Schützlingen damit Selbstwert trotz Krankheit oder Behinderung. Und so erlebt er so manches ‚Wunder': Da beginnen Bandmitglieder, die ihr Leben lang unergründlich in sich hineingeschwiegen haben, plötzlich zu reden …

In Österreich ist das „Feedback" – wie man sich denken kann – etwas anders. Dazu muss man wissen, dass Schörkmayr mit seiner Freak-Band eine für die Alpenrepublik überaus sozialexplosive Mischung darstellt: ein Haufen Behinderter, der auch noch international riesigen Erfolg hat, dessen Verwandtschaft in Mauthausen ermordet wurde. Und dazu noch einer, der einfach nie den Mund halten kann, wenn ihm faschistoider Wind entgegenbläst. Selbst kleine, schnapstriefende Provinzpolitiker, die seine ‚Dodeln vergasen' wollen, regen ihn so auf, dass er Pressekonferenzen veranstaltet. Und das mögen viele Österreicher dann noch weniger.

Sie haben vor dem Papst gespielt, was sonst nur Bob Dylan durfte. Sie haben bei Bill Clintons Gartenparty gespielt, was selbst Carlos Santana gratis gemacht hätte, und sie haben vor der UNO-Vollversammlung gespielt, was sich kein österreichischer Musiker auch nur vorstellen kann. Und sie sind Ehrenbürger von Key West.

Das sind Erfolge, die das NO PROBLEM ORCHESTRA in eine Reihe mit jenen wenigen österreichischen Musikern stellt, die tatsächlich etwas in der Welt erreicht haben, wie Joe Zawinul. Und sie sind wohl die weltweit erfolgreichste Band, die Österreich bislang hervorgebracht hat. Nicht was Plattenverkäufe betrifft – sondern Anerkennung.

Nashville ist eine Musikstadt, in der man höchste Professionalität förmlich riechen kann, wo jeder Bühnentechniker als Musiker besser ist als hierzulande der ganz große Star. Wer dort auf so viel Bewunderung wie das NO PROBLEM ORCHESTRA stößt, der kann auch im Hard Rock Café eine signierte Klampfe hinterlassen. Denn die Stars, die dort in Form ihrer Gitarren hängen, waren zwar die meisten nicht wirklich behindert, doch irgendwie verrückt waren sie allemal. Im Rausch des Erfolges, möchte man sagen, sind sie alle gleich.

Dr. Günther Ziesel, ORF- Landesstudio Steiermark

Bild 49

„Am Anfang war es nur ein Gedanke, eine Vision vielleicht, als der junge Joseph Schörkmayr von einer Band, einem Orchester sprach, dessen Musiker Behinderte sein sollten. Ich war damals ein junger Reporter und mich faszinierte seine Idee. Ich meinte, ein solches Projekt ist es wert, publizistisch unterstützt zu werden.

Das Projekt wurde Wirklichkeit, aber es stieß nicht nur auf bürokratische Hindernisse, sondern wurde auch von denen angefeindet, die nicht selbst auf die Idee gekommen waren. Was gab es da alles an Prügeln, die dem Initiator vor die Füße geworfen wurden. Auch vor Intrige und Verleumdung schreckten manche nicht zurück, um das NO PROBLEM ORCHESTRA zu einem Problemfall in der öffentlichen Diskussion werden zu lassen.

Aber Schörkmayr kämpfte weiter, weil er an seine Idee glaubte. Noch motivierender jedoch waren für ihn und für alle, die ihm helfend zur Seite standen, die strahlenden Augen der Behinderten, wenn sie ihre Instrumente auf der Bühne spielten und den begeisterten Applaus des Publikums hörten. Sie standen im Mittelpunkt der Bewunderung von Menschen, die ihnen bis dahin bestenfalls Mitleid entgegengebracht hatten.

Wie schwer fällt es doch auch heute noch vielen, mit Behinderten zu kommunizieren. Man schaut bei Begegnungen auf der Straße weg, man tuschelt, lächelt allenfalls verlegen, oder spottet sogar über sie. Im Saal, in dem sie jetzt als NO PROBLEM ORCHESTRA auf der Bühne musizieren, wird nicht mehr weggeschaut, nicht gespöttelt oder getuschelt. Es werden Brücken zwischen gleichberechtigten Menschen gebaut, Freundschaften geschlossen, Freude miteinander geteilt. Es wird Anerkennung für Leistungen gezollt, die von Nichtbehinderten problemlos erbracht werden können, von Behinderten aber ein Übermaß an Ausdauer und Disziplin verlangen.

Behinderte und Nichtbehinderte lernen ein neues Lebensgefühl, ein neues Miteinander kennen. Die große Freude wird sichtbar und spürbar, sie kommt aus dem Innersten der Menschen, sowohl bei den Musikern als auch bei ihren Zuhörern. Gesichtszüge, die wir gedankenlos als entstellt oder verzerrt zu definieren gewohnt waren, erscheinen uns plötzlich liebenswert, und wir schämen uns, dass wir bisher geistig behinderten Menschen so hilflos oder gar abweisend gegenübergestanden sind.

So ist das NO PROBLEM ORCHESTRA ein wesentlicher Schritt auf dem Weg zu einer menschlicheren Gesellschaft geworden.

Bild 50: Christine Tschürtz (Bildmitte)

Christine Tschürtz, „Licht ins Dunkel“

„Vom kärntnerischen Replach bei Grafenstein aus haben Sie die ganze Welt erobert. Das NO PROBLEM ORCHESTRA, das schwerstbehinderten

Menschen durch die weltweit anerkannte Therapie wieder Freude, Mut zum Selbstbewusstsein und Integration in den Alltag bringt.

Mit der Musiktherapie und dem lebendigen Orchester will man einerseits schwerstbehinderte Menschen in die Alltagsgesellschaft integrieren, andererseits der gefühlsbehinderten Öffentlichkeit die Chance geben, ihre Kommunikationsunfähigkeit und ihre Vorurteile aktiv zu bewältigen.

Was die 60 geistig und körperlich behinderten Menschen mit Hilfe der NO PROBLEM-Musiktherapie leisten, muss ihnen ein gesunder Mensch erst einmal nachmachen. 100 Konzerte jährlich und mehr, insgesamt 3000 seit Bestehen des weltweit bekannten österreichischen Behindertenorchesters.

Licht ins Dunkel hilft behinderten Menschen – im Speziellen Kindern – in Österreich und ist aus diesem Grund dem NO PROBLEM ORCHESTRA auf bestimmte Art verbunden:

Beide bringen ‚Licht ins Dunkel' in das Leben von behinderten Menschen!"

Udo Jürgens, Sänger und Komponist

„Eine so erfolgreiche Institution wie das NO PROBLEM ORCHESTRA zeigt dem Publikum ganz deutlich die hohe pädagogische und auch psychologische Wirkung der Musik, wenn sie richtig im Zusammenspiel des Ensembles gespielt wird. Es zeigt weiters aber auch auf, dass wunderbare Teamarbeit auch zwischen schwer geistig behinderten Menschen möglich ist und dass diese Jugendlichen auch imstande sind, dem Publikum etwas mitzugeben: Lebensfreude und Lebenssinn. Das ‚Gegengeschenk' der ‚Gesunden' hieße wohl: Integrationsbereitschaft und Anerkennung!"

Udo Jürgens

(Der international bekannte Sänger und Komponist ist seit Jahren auch karitativ engagiert. So u. a. 1998 Veröffentlichung der Single „Bring ein Licht ins Dunkel" zu Gunsten der Aktion „Licht ins Dunkel" des ORF, 1999 Gründung der „Udo-Jürgens-

Bild 51: Udo Jürgens umringt von den Musikerinnen und Musikern des No Problem Orchestra

Stiftung", die schwerpunktmäßig Kinder und Waisen in Not sowie ohne Bezugspersonen finanziell unterstützt und fördert. Nachwuchsmusiker erhalten daraus einen Förderpreis.)

Margit Mallegg, Mode-Designerin

Bild 52

„Wenn ich über das NO PROBLEM ORCHESTRA nachdenke und einige Veranstaltungen, die ich besuchen konnte, analysiere, muss ich sagen, dass es letztlich eine tolle Leistung von den jungen mitwirkenden Musikern ist und dass alles, was dem Publikum und den Zuhörern ein wenig mehr Toleranz und Anstoß zum Nachdenken gibt, eine gute und sehr positive Sache ist.

Für das Design habe ich mir das

Logo des NPO angesehen und habe versucht, etwas Passendes zu entwerfen.

Ich habe – nicht nur aus Kreisen rund um das Orchester – gehört, dass dieses Design gut angekommen ist.

Aber man muss unbedingt festhalten, dass die Zusammenarbeit mit dem NPO eine sehr positive Entwicklung auf meine weitere Arbeit hatte."

Reinhold Messner, Hochalpinist

Bild 53

„Ich war auf allen vierzehn Achttausendern der Welt.

Es war aufregend, aber es war nicht notwendig, wahrscheinlich nicht von Gott gewollt.

Das NO PROBLEM ORCHESTRA ist notwendig und wahrscheinlich von Gott gewollt."

Reinhold Messner

Anlässlich der Kleinwalsertaler Dialoge 2001

8. Aus Schörkmayrs Anekdotenkiste

Kahlfraß in Barcelona

Es war im Jahr 1988, noch ganz am Anfang des Orchester-Lebens. Ich war mit meiner kleinen Künstlertruppe, zwölf Mann hoch, nach Barcelona zum Weltkongress der Mathematiker geflogen. Da waren rund 30 Nobelpreisträger aus der ganzen Welt auf engstem Raum in einem Nobelhotel versammelt. Eine sehr würdige und ernste Gesellschaft. Prof. Widhalm, der Ordinarius für Mathematik an der Universität in Graz, hatte uns freundlicherweise eingeladen.

Das Orchester hatte zu Beginn, als Auftakt, brav gespielt, das gelehrte Publikum war hocherfreut, die Stimmung gut.

Der Leiter des Kongresses trat nach unserem Auftritt freundlich an mich heran und meinte, dass wir doch wohl noch vor der offiziellen Eröffnung des Buffets für die Kongressteilnehmer in Ruhe zusammen essen sollten. Ich war skeptisch, ob diese gut gemeinte Geste wirklich klug und praktikabel sei. Doch ich ließ dem Schicksal seinen Lauf, bedankte mich und bat also die Herrschaften – unsere Musikerinnen und Musiker – zu Tisch.

Die Jungmannschaft stürmte das leckere Buffet des Hotels. Wie die Raubfische wüteten sie zwischen den Buffetaufbauten. Keine Sauce, keine Beilage, kein Suppentopf, keine Hauptspeise war vor ihnen sicher. Sie ruhten nicht eher, als bis das letzte Salatblatt vertilgt war.

Die Herren Nobelpreisträger blickten leicht indigniert aus den dunklen Anzügen hervor, als sie mit langem Gesicht vor den leeren, geräumten Silbertellern standen. Die Hotelküche war in Panik, denn mit so einem Kahlfraß hatte man natürlich nicht gerechnet und nicht rechtzeitig für Nachschub gesorgt.

Vis-à-vis des Hotels gab es so eine Kebab-Hütte mit Stehpulten, dort mussten die Herrn Wissenschaftler hinpilgern, denn der Zeitplan war so knapp, dass sie auf ein frisches Aufkochen nicht warten konnten.

Festspieleröffnung 1987 in Mörbisch am See. Für mich war es die Zeit der Übersiedlung von Graz nach Kärnten. Ich hatte das zu dieser Zeit schwierige und problematische Pflaster in Graz glücklich verlassen, um in Klagenfurt mit meinem Musiktherapiezentrum ein neues Kapitel meines Lebens aufzuschlagen.

Wir spielten mit einer kleinen Gruppe von rund 10 Künstlern auf. Es ging gerade eine „Sommergrippe“ um, viele meiner besten Stars waren krank zu Hause geblieben. Wir spielen also „Strangers in the Night“. Das Verflixte passierte: Jeder Schlagzeuger spielte konsequent einen anderen Rhythmus, wahrscheinlich aus Solidarität spielte auch jeder Keyboarder eine falsche Melodie und eine falsche Harmonie. Es war schrecklich für mich, zuzuhören und andererseits nicht mehr zu steuern.

Zu allem Überfluss saß der damalige Bundeskanzler Dr. Franz Vranitzky in der ersten Reihe. Die liebe Frau Dr. Nievoll, die Mutter unseres Thomas am Keyboard, war noch zu allem Überfluss an meine Seite geschlichen und meinte: „Mein lieber Sepp, hörst du das nicht, war unsere Leute anstellen?“ Ich zuckte etwas provokant die Achseln und meinte scheinheilig: „Na, was ist leicht los?“

Als das Stück dann „Gott sei Dank“ zu Ende war, gab es zu meiner Überraschung jedoch tosenden Applaus und „Standing Ovations“. Was war passiert, was lief da? Wollte uns das Publikum nur milde trösten? Ich traute meinen Ohren und Augen kaum und war verblüfft.

Später, bei den persönlichen Gratulationen, stellte sich heraus, dass die Zuhörer das soeben Gehörte für eine hochmoderne und etwas fetzige Eigenkomposition gehalten hatten, deren Uraufführung sie soeben beigewohnt hatten.

Es drängt mich zu sagen: Manchmal ist der Respekt vor der Kunst einfach zu groß.

Das Licht geht aus – wir gehen nach Haus

Steirischer Herbst in Graz 1995. Wir hatten einen Musiker dabeigehabt, der – wie fast alle – an Down-Syndrom litt und zusätzlich leicht – wie sagt man so leichthin – „verhaltensgestört“ war.

Da nach seiner Meinung das noch im vollen Gange befindliche Konzert bereits beendet war, hatte er einfach sein Musikinstrument aus dem Stromkreis entfernt, bedächtig eingepackt und die Bühne verlassen.

Als er einmal besser „drauf“ war, hat er bei einer anderen Gelegenheit mitten im kräftigsten Musizieren auch alle anderen Musikgeräte abgesteckt und einzupacken begonnen, worauf das Konzert ungeplant abrupt endete – wie ein Proteststück des jungen Haydn im Schloss Esterházy im 18. Jahrhundert, als ein Musiker nach dem anderen sein Instrument einpackte und die Bühne verließ. Meister Haydn hatte seine berühmte „Abschiedssymphonie“ geschrieben, bei der ganz bewusst das Ensemble Mann um Mann verringert wurde. Damit wollte er gegen das stundenlange Musizieren vor der Hofgesellschaft protestieren und endlich einmal auf Urlaub gehen.

Doch in unserem Falle war es ein ungeplanter – und unerwarteter – Protest.

Die Gäste waren wiederum von diesem Aktionismus und Ideenreichtum ganz begeistert. Wie sich in der – unfreiwilligen – Pause herausstellte, waren sie der Überzeugung, dass dies von langer Hand kühn geplant war – und eben ein inszeniertes Gesamtkunstwerk „Musik und Aktionismus“ sei.

Wir haben uns belehren lassen, was Kunst ist, und waren froh, uns letztlich nicht blamiert zu haben.

Vranitzky und Mock – 'lei ans

Großer Orchesterauftritt im Kanzleramt in Wien. Bundeskanzler war zu dieser Zeit Dr. Franz Vranitzky, sein kongenialer Gegenspieler hieß Dr. Alois Mock.

Der Bundeskanzler betritt den kleinen Saal, in dem wir aufspielen sollen, da schreit unser etwas vorlauter Peter Pobatschnik gellend auf. „Hearst, den kenn' i …!“ Mit einer beschwichtigenden Geste frage ich ihn, noch während der Bundeskanzler seine Schritte auf uns zulenkt, ganz ruhig: „Na, wie heißt denn der Herr, den du kennst?“

„Des waas doch a jeder, des is der Mock!“

Der Kanzler war sichtlich „not amused“ …

Entzückend, Baby …!

Eines Tages wollte ein Psychologe unserem Solisten Christian Eibl seine Anerkennung ausdrücken. Er schien dieses Lob aber nicht ganz herzensecht „rüberzubringen“, eher hatte man den Eindruck, dass es sich um eine Alibi-Aktion handelte.

Wir wollen dem Psychologen seine gute Absicht nicht absprechen, aber die Ausdrucksweise war für einen erwachsenen Behinderten vielleicht doch ein wenig „von oben herab“; jedenfalls bemerkte Christian Eibl sofort den routinierten Psychologentonfall und wollte nicht in die ihm zugedachte Patientenrolle hineinschlüpfen, als der Mann gönnerhaft zu ihm sagte: „Jetzt hast du aber gut gespielt.“ Eibl antwortete: „Entzückend, Baby“, wandte sich ab und ging.

Eine Horrornacht in Rochester

Es widerfuhr mir anlässlich der US-Musiktherapiekonferenz in Rochester im Jahre 1996 und ich erinnere mich auch noch heute nur mit Schrecken, aber auch den sollte man sich von der Seele schreiben, und deshalb erzähle ich Ihnen die ganze Story – „uncensored“!

Ich hatte mich nach einem umfangreichen Reiseprogramm im betonromantischen 18-Stockwerke-Hotel schon knapp vor Mitternacht zur Ruhe begeben. Doch einige Minuten, nachdem ich das Nachtkästchenlicht ausgeknipst hatte, schreckte ich wieder hoch: Da war doch durchdringender Gitarrenklang offenbar genau auf meinem Stockwerk zu hören.

Macht nichts, zweiter Einschlafversuch; vergeblich. Nochmal Licht an. Ich sprang aus dem Bett und äugte zunächst vorsichtig hinter meiner Hotelzimmertür hervor. Die Gitarrenklänge kamen offenbar aus einem der gegenüberliegenden Zimmer. Ich machte einen Schritt vor, um die Schallquelle genauer zu orten.

Plötzlich glitt mir die schwere, weil feuersichere Zimmertüre aus der Hand und fiel leise schmatzend ins Schloss. Ich hatte natürlich keine Zimmerkarte mit Schlüsselcode bei mir. Doch das war noch das geringste Problem: Ich war – bitte sich dies vorzustellen – splitternackt!! Meine alte Gewohnheit, ohne Pyjama ins Bett zu schlüpfen, war mir hier zum Verhängnis geworden.

Um Gottes willen, was soll ich jetzt tun, schoss es mir mit Entsetzen durch den Kopf. Ich konnte doch jetzt nicht ganz einfach mit dem Lift zur Reception fahren, mich lässig über den Counter lehnen und um eine neue Karte bitten! Ich würde vom Hotel-Sicherheitspersonal oder gar der in der Lobby herumstehenden Polizei sofort als Verrückter verhaftet werden.

Ich lief kopflos ein paar Dutzend Meter vor meinem fest verschlossenen Zimmer im Gang hin und her. Bei dem unvermeidlichen Cola- und Eisautomaten lag vor einem kleinen Papierkorb ein Pappendeckel, die Oberseite einer Pizzaverpackung. Das war meine Rettung: Mit dem Pappkarton konnte ich zumindest eine heikle, doch ziemlich zentral gelegene Stelle meines Körpers verdecken. Keine Sekunde zu früh: Schon kam ein älteres Ehepaar um die Gangecke, erstarrte kurz, ging jedoch wortlos weiter, doch mit entsetzt aufgerissenen Augen, wie ich noch feststellen konnte. Auch ich brachte vor lauter Peinlichkeit keine Silbe hervor.

Nun kam ein Sportler im Trainingsanzug daher, offenbar vom nächtlichen Joggen. Ich sprach den dunkelhäutigen Gentleman mit einer beschwichtigenden Handbewegung an, erklärte ihm zuallererst, dass ich weder verrückt noch bewaffnet sei, was diesem irgendwie einleuchtete, und erzählte dann in zwei, drei Sätzen mein Missgeschick.

Der Mann bewies Haltung und versprach, von seinem Zimmer aus die Rezeption zu verständigen.

Nach 4 bis 5 endlosen, Gott sei Dank einsamen Minuten kam ein Portier in Begleitung von zwei baumlangen Cops herauf. Die drei Gentlemen grüßten knapp, aber höflich mit einem Kopfnicken, der eine sagte: „Your requested and valid check-in-card, Sir", und überreichte mir die Karte, ohne das Gesicht zu verziehen. Ich hätte ihm gerne überschwänglich die Hand geschüttelt, doch musste ich ja mit der zweiten Hand den Pizzakarton halten.

Wie auch immer: Alles geht vorüber. Ich landete in meinem Zimmer, aber für den Rest der Nacht war an Schlaf kaum zu denken.

Am nächsten Tag erzählte ich dem Seminarleiter des wissenschaftlichen Forums unter dem Siegel der absoluten Verschwiegenheit mein nächtliches Missgeschick. Der sonst so honorige und zurückhaltende Professor schüttelte sich vor Lachen, und ich merkte gleich, dass ich soeben einen strategischen Fehler begangen hatte.

Prompt begrüßte der Tagungsleiter die zahlreich erschienenen Teilnehmer öffentlich über den Raumlautsprecher mit meiner Horrorgeschichte. Tosendes Gelächter – auf meine Kosten. Ich hatte jetzt zwar einen hohen Sympathiewert bei meinen Zuhörern, aber an ernstes Arbeiten war an diesem Vormittag nicht mehr zu denken.

Doch dieser Pappkarton verfolgt mich auch heute noch.

Aus Sentimentalität hatte ich den Karton nämlich bei der Abreise in meinen Koffer geworfen und das „Feigenblatt" aus Pappe über den Atlantik mit nach Hause gebracht.

Auch zu Hause hatte ich mit meiner Geschichte durchaus Erfolg. Achtlos, ja erleichtert warf ich den Karton schließlich in die Ecke zum Altpapier.

Da nahte mein nächster Geburtstag – und Sie erahnen das Geschenk meiner Gattin: der Pizza-Kartonteil in einem 40 x 50-cm-Nussholzrahmen hinter spiegelfreiem Glas.

Manche Dinge wird man im Leben einfach nicht mehr los.

Doch jetzt ist es zumindest von der Seele geschrieben.

Selbstbewusste Autogrammstunde bei „Licht ins Dunkel"

Bei der „Licht ins Dunkel"-Gala am 30. November 2001 waren alle großen Stars der Musik-, aber auch der Polit-Szene anwesend. Die glänzenden Namen reichten von Udo Jürgens, Albano Carisi, DJ Ötzi bis Hansi Hinterseer, von Bundespräsident Dr. Thomas Klestil oder Dr. Helmut Zilk. Ich erwähne die Herren in einer längeren Reihe nur deshalb, um zu zeigen, dass unsere NPO-Musiker mit den Jahren durchaus sehr selbstbewusst geworden sind: Nachdem die TV-Scheinwerfer nach der Sendung ausgeschaltet worden waren, wurde nicht, wie sonst bei jungen Menschen sehr häufig zu beobachten ist, bei den Genannten um Autogramme gebettelt. Oh nein, ganz im Gegenteil: meine Herrn Künstler gingen mit Handzetteln und Billetts herum und taten bei der Prominenz kund: „Willst mein Autogramm haben?"

So läuft das eben heutzutage …

Bild 54: Ein großer Augenblick: Bürgermeister Bill Weekly übergibt Joseph Schörkmayr die Schlüssel der Stadt Key West. Schörkmayrs Ausruf: „Hey Jungs, die Stadt gehört uns und der Musik!" Juli 2001

9. Meine Lebens- und Berufsbilanz

Nach Abschluss meines Studiums als klassischer Perkussionist habe ich einige Jahre als Schlagzeuger in verschiedenen Jazz- und Rockbands gearbeitet. Ich hatte damals einen Übungsraum in einem großen Gebäude, das auch ein Behinderteninstitut beherbergte.

Während meiner Übungsstunden wurde es ganz selbstverständlich, dass die jungen Behinderten mich besuchten und auf eigene Faust zu begleiten begannen. Was ich da zu hören bekam, war erstaunlich. Ungeachtet dessen, dass sie natürlich die Technik nicht beherrschten, um die Schlaginstrumente richtig klingen zu lassen, spielten sie rhythmisch richtig. Mehr als das: sie groovten.

Dieses Schlüsselerlebnis zeigte mir, welch rhythmisches Talent in diesen jungen Leuten steckte, das man wecken und entfalten musste. Ich begann mit Behinderten therapeutisch zu arbeiten. Bald stellte ich fest, dass ich ein geeignetes Instrumentarium finden musste. Es sollte den Behinderten die Möglichkeit geben, ihre Rhythmik auszuleben, ohne durch ihre fehlende Anschlagtechnik behindert zu werden. Die Lösung fand sich in elektronischer Perkussion, wie sie in jeder Rockband gang und gäbe ist.

Diese Entscheidung führte zu einem ungeahnten Erfolg. Die Behinderten, mit denen ich nun tagtäglich arbeitete, lernten schnell einige moderne Rock- oder Jazznummern zu spielen. Zuerst nur auf dem Schlagzeug, aber bald zeigten einige Präferenz für das Keyboard, sodass wir Rhythmus und Melodie spielen konnten.

Schon nach einem halben Jahr hatte ich also eine Band von ca. 20 Musikern, die begierig darauf waren, ihre musikalischen Errungenschaften einem öffentlichen Publikum vorzuführen.

Die ersten Konzerte waren ein durchschlagender Erfolg.

Die Eltern konnten kaum glauben, wie sich ihre Kinder veränderten. Ursprünglich apathisch oder depressiv, waren sie plötzlich hoch motiviert und freuten sich auf jeden neuen Tag, an dem sie Musik spielen und neue

Rhythmen erlernen durften. Durch diese Erfolge angespornt, habe ich das Konzept der NO PROBLEM MUSIC-Therapie systematisiert.

Sie bestimmt seitdem mein Leben.

10. Schlussgedanken

Behinderte agieren vor meinen Augen. Das Hinschauen ist so schwer! – Ja, darf ich überhaupt länger als nur einen Augenblick hinschauen?

Habe ich Mitleid, ja gar Angst vor unerwarteten Reaktionen dieser für mich seltsamen Wesen?

Mein nächster Gedanke zielt sogleich auf den tief in mir vergrabenen Umgang mit dem Mitleid: Lähmt mich mein Mitleid? Habe ich tatsächlich Mitleid oder stoppt mich etwa ein unerklärlich unangenehmes Gefühl? Habe ich andererseits Angst, etwas falsch zu machen?

Fragen über Fragen, die auf mich beim Anblick eines Behinderten einstürmen. Sind diese Gedanken ganz natürlich oder „tickt" in mir etwas nicht richtig? Sind gar Schuldgefühle angebracht?

Beginnen wir mit einer kurzen „Aufarbeitung" des eigentlich unschönen, unvollständigen Begriffs „behindert, Behinderung".

Was bedeutet es? Was sind die Inhalte?

Heißt es nur: nicht „reden können"? Nicht „denken können"? Was muss ein Mensch eigentlich können, was muss er ausstrahlen, um im Leben Erfolg zu haben, um anerkannt zu sein? Ja, vielleicht auch um einer Norm zu entsprechen?

„Die Schönen und Reichen"! Ist das etwa das genaue Gegenteil vom „Behindertsein"?

All diese Fragen und Zweifel sind mir durch den Kopf gegangen, als ich es zum ersten Mal vor nunmehr 13 Jahren mit behinderten Menschen zu tun bekam. Ich bin noch heute dankbar für diese Gelegenheit. Ich konnte somit erfahren, wie unsinnig es ist, nur platt von einem „Behindertsein" zu sprechen.

Bein näheren Kennenlernen begeisterte mich die absolute Offenheit, die Ehrlichkeit eines Menschen, der mit dem Down-Syndrom leben muss. Auch seine Fähigkeit, Zu- und Abneigung so treffsicher und ohne Umschweife zu zeigen, ohne falsches, berechnendes Getue und Minenspiel, beeindruckte mich zutiefst.

Ich durfte Menschen bewundern, die aufgrund eines sehr harten Schicksalsschlages gezwungen waren, die kleinsten Verrichtungen des Alltages nur unter unvorstellbaren Mühen zu bewältigen und trotzdem daran nicht zu zerbrechen.

Dem Schlag des Herzens jeden Tag aufs Neue folgen, das müssen wir alle, auch das „Hinhören" müssen wir noch besser lernen, und dabei können uns so genannte „behinderte Menschen" helfen.

Dazu müssen wir uns aber den Behinderten nähern. Mit Respekt, jedoch ohne Vorurteile, ohne Peinlichkeiten, ohne Ängste, ohne falsche Gefühle.

Den Musikern des NO PROBLEM ORCHESTRA gelingt es mit Leichtigkeit, Barrieren, Vorurteile bei nicht beeinträchtigten Menschen zu überwinden.

Es sollte uns allen gelingen.

Julia Schörkmayr
Geboren in Hagen in Westfalen/Deutschland

- *6-jährige Bühnenausbildung in Schauspiel, Sprechtechnik, Tanz und Musical*
- *18-jährige Tätigkeit als Schauspielerin*
- *1986 führte der Berufsweg nach Graz an das Schauspielhaus*
- *1989 Begegnung mit ihrem späteren Ehemann Joseph Schörkmayr. „Zufällig" ist sie ausgesucht worden, bei einer Buchpräsentation eines seiner Werke im ORF zu zitieren.*
- *Die Vergangenheit wurde abgeschlossen und im Reißwolf vernichtet.*
- *Der gemeinsame Weg, die Vision von Joseph Schörkmayr umzusetzen, war frei.*
- *Die Zukunft konnte beginnen, nicht zuletzt mit den Kindern Wernher & Thorid.*

Vision Nr. 7
Schlussvision

„Viele Propheten und Magier werde ich in absehbarer Zeit zur Gänze vernichten, auch deren Trabanten und Wegbereiter, sofern sie sich nicht einer meiner Soldatenseelen und deren Göttinnen und Blutskindern anschließen.
Und wenn sie fragen: „Warum?"
Dann werde ich ihnen antworten: „Weil ihr euch auf eine falsche Lebenswoge verlassen habt und deren Gesetze befolgt habt."
Eine von mir geliebte Soldatenseele setzt sich über die Lebenswoge hinweg, vollzieht meinen – sogar für die weisesten Wesen oft unverständlichen Willen und wird von mir geküsst, sodass ich die ganze vorhandene Lebenswoge auswechseln oder vernichten muss.
Diese meine Handlungen sind für fast alle frommen und edlen Seelen unvorstellbar und grausam.
Nur die reine Soldatenseele, die in meinem Namen einen *kosmischen Vorgriff* geschaffen hat, kann mich in diesem Augenblick verstehen.
Alle anderen Wesenheiten werden verschwinden müssen."

Ende

Anhang: Das NPO im Dokumentations-Überblick

Veröffentlichungen

Literatur:

1987 „Musik mit Behinderten", Verlag Gustav Fischer (Stuttgart/New York)

1989 „Integrative Musiktherapie", Verlag Aram (Wien/Prag/Moskau)

1992 „Musiktherapie", Verlag Heyn (Klagenfurt)

2001 „Die No-Problem-Musiktherapie" (Verlag Key Publishing Company, KW)

CDs:

1992 „NO PROBLEM ORCHESTRA" CD – Sony

1994 „Obladi-Oblada"

1995 „Seid umschlungen"

1999 „Best of NPO"

2001 „Love is all"

2002 „VITA LIFE"

2003 „Just lovin' you"

Vortragsreisen:

1985/86/87/88/89: USA

1996–2001: an den Universitäten Tübingen, Florenz, Rochester, Nashville, Roanoke u. v. m.

Konzerte mit dem NPO:

Seit 1985 weit über 3000 Auftritte weltweit. U. a.:

Jazzfestival Montreux, Jazzfestival San Antonio, Rochester, Frankfurt, Maastricht, Mailand, Alicante, Budapest, u. v. m.

2001: Verleihung der Ehrenbürgerschaft von Key West, Florida

Highlights 2000

Juni: Erfolgreiche und viel beachtete Kroatien-Tournee

Juli: 10-jähriges Jubiläum des NO PROBLEM-MUSIKTHERAPIEZENTRUMS in Kärnten

Nov.: Konzert des NO PROBLEM ORCHESTRA bei der Hochzeit von Michael Douglas und Catherine Zeta Jones in New York. Weltweite Berichterstattung

Dez.: Konzert nach persönlicher Einladung von Papst Johannes Paul II. im Vatikan. Standing Ovations für das NO PROBLEM ORCHESTRA Weltweites Medienecho. Zahlreiche TV-Sendungen im In- und Ausland

Highlights 2001

Jänner–April: Zahlreiche Konzerte in Österreich

Februar: Umjubelte Konzerte in St. Anton am Arlberg anlässlich der Siegerehrungen der Alpinen Ski-WM 2001

Mai–Juni: Niederösterreich-Tournee. Konzert im Wiener Ernst-Happel-Stadion am 19. Mai vor 20.000 Zusehern. Präsentation der neuen CD „Love is all"

Juli: Floridatournee. NO PROBLEM ORCHESTRA erhält am 21. Juli die Ehrenbürgerschaft der Stadt Key West aus den Händen von Bürgermeister Bill Weekly. Reportagen in aller Welt. 4 Seiten Farbbericht in Österreichs größter Tageszeitung. Standing Ovations beim Konzert in Key West's „Sloppy Joe's"

Sept.: Eröffnung und Siegerehrung des legendären Wachaumarathons. Konzert am Wiener Heldenplatz vor 10.000 Zusehern anlässlich des „Österreichischen Tages des Sportes"

Okt.: Konzert im Wiener Horr-Stadion vor 15.000 Zusehern

Nov. + Dez.: Viele Konzerte in Oberösterreich, Niederösterreich, Wien, Graz. Sensationeller Live-TV-Auftritt bei der großen „Licht ins Dunkel"-Gala am 30. November

Bild 55: Das Orchester nimmt in der Aula Paul VI. im Vatikan Platz. Rom, 3. Dezember 2000

Bild 56: Selbst am Jachthafen in Key West sind die Medien am „Drücker"!

Bild 57: Die „Stimmungsmacher" im Horr-Stadion in Wien im Okt. 2001. Auf dem Programm: das Bundesligaspiel Rapid gegen Austria Wien

Bild 58: Ein gutes Jahr: Auftritt des NPO unter der Schirmherrschaft und persönlicher Präsenz von Prinz Albert von Monaco bei den Special Olympics im Stadion Louis VIII am 13. April 2002

Highlights 2002

April: Monte Carlo, Special Olympics Schwimm-EM; Siegereehrung und Special-Events für Vita-life-Foundation. Im Anschluss an diesen Event: Konzert für die fürstliche Familie, Prinz Albert stellt sich einem gemeinsamen Fototermin

April: Wien, Austria Center: Weltkongress der Hebammen. 5000 Geburtshelferinnen aus allen Kontinenten waren von der Qualität des Orchesters überrascht und begeistert. Daraus ergaben sich Folgeeinladungen nach Südafrika, Japan und Brasilien

Mai: Wien, Rathaus: Feier des „Tages der Behinderten". Das NPO umrahmte die Eröffnung, die von Bürgermeister Dr. Häupl persönlich vorgenommen wurde

Juni: Frankfurt (National Special Olympic Games Openening): Insgesamt 4 Konzerte. Eröffnung in der Frankfurter Festhalle mit dem NPO vor rund 8000 Zuhöhrern. Erstmals wurde die neue CD

„VITA LIFE“ mit der Vokalistin Agata C. und den Chorsängerinen Thorid und Sarah präsentiert

Aug.: London. Exklusivkonzert für Königin Elizabeth und die königliche Familie auf Schloss Highgrove

Aug.: Hamburg: Open-Air-Konzert in Hamburg-Kaltenkirchen (Schleswig-Holstein). Veranstalter war der Behinderten-Ratgeber e. V. Mit auf der Bühne: rund 70 behinderte Künstler aus der BRD, Italien, Frankreich, Österreich und Ungarn

Aug.: Seefeld (Tirol), gesponsert von der „vita-life“-Foundation. Große vita-life-Gala mit zahlreicher Prominenz, wie z. B. dem Formel-1-Piloten Alexander Carnadi

Sept.: Wien. Eröffnung des Lungenkrebs-Weltkongresses in der Wiener Hofburg. Konzert vor rund 500 Fachärzten und 10 Nobelpreisträgern

Sept.: Schloss Schallaburg, NÖ: „Niederösterreichische Kulturtage“. Eigenes Konzert im Seminarzentrum

Sept.: Linz. ÖVP-Bundesparteitag: Eröffnungskonzert vor Mitgliedern der Bundesregierung und Nationalratsabgeordneten

Sept.: Wien – Heldenplatz – Sportlerehrung „Tag des Sports 2002“. Umrahmung der Ehrungen durch das NPO

Okt.: Wien – ORF-Zentrum, Küniglberg. Präsentation von Kurt Bergmanns neuestem Buch: „30 Jahre ist da jemand“ über das 30-Jahr-Jubiläum von „Licht ins Dunkel“. Auftritt des NPO während der Gala

Okt.: Salzburg, Kongresszentrum: „Galanacht des Sports“, Umrahmung der Ehrungen durch das NPO

Okt.: Völkermarkt: Angelobung von Grundwehrdienern des Österreichischen Bundesheeres, in Vertretung der Gardemusik, musikalische Umrahmung durch das NPO

Nov.: Graz, Schwarzl Freizeitzentrum, Große Festhalle, Benefizgala zu Gunsten herzkranker Kinder

Nov./Dez.: Wien – ORF Zentrum: Große „Licht ins Dunkel“-Gala 2002

Bild 59: Die Schallaburg: Schauplatz eines NPO*-Konzerts im September 2002*

Bild 60: Joseph B. Schörkmayr

Der Autor

Joseph Björn Schörkmayr
geboren am 14. Oktober 1954 in Salzburg

1973–1980	Studium Klassik und Jazz an der Universität für Musik und darstellende Kunst in Graz.
1980	Diplom für klassisches Schlagwerk Sponsion zum Mag. art. (Diplomarbeit: „Jazzrock & Lyrik")
1983	Beginn mit der Arbeit als Musiktherapeut für geistig und geistig-körperlich schwerstbehinderte Menschen in Graz.
ab 1984	Entwicklung der NO PROBLEM MUSIC-Therapie.
1985	Gründung des NO PROBLEM ORCHESTRA.
1990	Gründung des NO PROBLEM MUSIC-Therapiezentrums in Klagenfurt
1991	Weltpatent für das NO PROBLEM-Keyboard „Erfindung des Jahres 1991", Technisches Museum Wien
1995	Verleihung des EU-Preises für FUNKTIONELLE REHABILITATION in Brüssel
1998	Dissertation zum Dr. phil.: „MUSICTHERAPY FOR PEOPLE WITH SPECIAL NEEDS" – „Die NO PROBLEM MUSIC-Therapie"

Ehrenliste der Mäzene und Sponsoren
(Auswahl)

Bitte vor den Vorhang! Das Orchester intoniert einen Tusch!

- Mobil Oil Austria AG, Wien
- Sport Eybl, Vösendorf
- GENERALI-Versicherung
- AUA, Wien-Schwechat
- Kleine Zeitung, Graz und Klagenfurt
- Interunfall, Wien
- Kika Großmärkte, St. Pölten
- Manner GmbH, Wien
- ORF, Wien und Bundesländerintendanzen
- Musikstudio Mega-bite, Klagenfurt
- vita life® HandelsgmbH Austria/EU
- Lotto Austria GmbH
- Kärnten Technology, Klagenfurt
- Licht ins Dunkel
- Privatstiftung Flick, Wien
- Beckenbauer, Bayern München
- Renaissance Hotels Österreich
- Courtyard Österreich
- Mallegg Strick-Design und Bekleidungsausstattung
- Typo Graphic, Graz
- Adidas, Österreich
- Kärnten Sport
- Hartlauer GmbH, Filiale Steyr